후회 없는 삶을 위한

아주 오래된 가르침

賢者の書
KENJA NO SHO

Copyright © 2009 by Yasushi Kitagawa
Original Japanese edition published by Discover 21, Inc., Tokyo, Japan
Korean edition published by arrangement with Discover 21, Inc., Tokyo, Japan
through Danny Hong Agency.

후회 없는 삶을 위한

아주 오래된 가르침

Book of the Wise

시대를 초월해 전해지는
아홉 가지 인생의 본질

기타가와 야스시 지음 | 지소연 옮김

서사원

《후회 없는 삶을 위한 아주 오래된 가르침》은 지금으로부터 약 20년 전인 2005년에 처음 출간되었습니다. 출간과 동시에 폭발적으로 인기를 얻은 베스트셀러가 되지는 못했지만, 당시 완전히 무명이었던 저의 작품으로는 이례적으로 오랜 기간 사랑받는 롱셀러가 되었습니다. 그 후 여러 작품들을 발표했지만, 데뷔작인 이 책은 여전히 많은 독자의 관심과 사랑을 받고 있고 감사하게도 이제는 일본뿐 아니라 세계여러 나라에서도 독자들의 선택을 받고 있습니다.

사람은 누구나 행복을 좇으며 살아갑니다. 사람들은 지금보다 더 편리한 생활 그리고 다른 사람보다 더 빨리, 더 많이 원하는 걸 손에 넣는 삶을 행복이라 믿으며 추구해왔습니다.

'현명함'이란 어느새 '손해 보지 않는 것'과 같은 뜻이 되었고, '더욱 현명하게 사는 게 곧 행복이다'라는 생각을 인생의 가치관으로 두고 많은 사람이 계속해서 달려왔습니다. 그리고 이제 시대는 편리함의 극치에 다다랐습니다.

24시간 안에 지구의 반대편으로 갈 수 있고, 아무리 먼 곳에 사는 사람이라도 인터넷을 통해 화면 너머로 바로 앞에 있는 듯 대화를 나눌 수 있고, 스마트폰 하나만 있으면 전 세계의 사람과 소통할 수 있으며, 원하는 정보를 무엇이든 바로 얻을 수 있습니다. 내가 가진 정보도 쉽게 알릴 수 있고요. 새로운 상품을 만들면 전 세계가 시장이 됩니다. 이토록 세상이 편리해졌다는 인식조차 없는 사람들도 집에서 클릭 한 번으로 필요한 물건을 얻는 그런 세상이 됐습니다. 그런데 사실은, 정말로 사람들이 계속해서 편리함을 원하는지 아닌지조차 잘 모르는 지경에 이르렀습니다.

이런 상황이 되고 나서야 우리는 깨닫기 시작했습니다.

'생활은 정말 편리해졌어. 그런데 인생이 편리하기만 해도 괜찮은 걸까?'

마침내 사람들이 합리적인 걸 추구하는 마음의 연장선에는 '행복'이 존재하지 않는다는 사실을 깨닫기 시작한 것이지요.

사실 많은 사람이 마음 깊이 원하는 '풍요로운 인생'은 '합리'의 정반대에 있습니다. 다른 사람보다 더 많은 시간과 품을 들여 누군가를 이롭게 하는 삶, '나 자신의 부'가 아니라 '훗날 누군가가 맛볼 행복'을 가치관의 중심에 두는 삶. 인생의 풍요란 그런 삶의 방식으로 얻을 수 있습니다.

　　지난 20년간 세계는 크게 변화했습니다. 제가 사는 일본도 그렇고 이 책을 읽고 있는 독자 여러분의 나라, 한국도 그렇겠지요. 20년 동안 시대가 얼마나 변화하든《후회 없는 삶을 위한 아주 오래된 가르침》이 꾸준히 사랑받은 이유는 아마도 우리가 진정으로 행복해지는 데 필요한 본질적인 이야기가 이 책에 가득 담겨 있음을 독자 여러분이 깨달아서가 아닐까 싶습니다. 그 '본질적인 무언가'를 한국의 독자 여러분도 오롯이 느끼신다면 저자로서 그보다 더 기쁜 일은 없을 겁니다.

　　자, 그럼 이제 주인공과 함께 후회를 남기지 않는, 진정으로 행복한 인생을 찾아 여행을 떠나봅시다.

2024년
기타가와 야스시

차례

충동

역에서 나온 알렉스는 쌀쌀한 공기를 느끼고 왼손에 가방과 함께 들고 있던 양복 윗도리를 걸쳤다. 몰라보게 변해버린 거리를 신기한 듯 바라보며 빛바랜 기억을 더듬어 목적지인 공원을 찾아 걸음을 옮겼다. 거리는 두꺼운 구름이 나지막이 하늘을 뒤덮은 탓인지 낮인데도 온통 어둑어둑해서 마치 알렉스의 심정을 대변하는 듯했다.

알렉스는 몇십 년 만에 다시 찾은 거리를 걸으면서도 마음이 조금도 설레지 않았다. 별달리 좋은 추억이 있는 것도 아닌데 자신이 이 마을에 다시 서 있다는 사실이 스스로도 신기할 따름이었다.

"난 왜 여기 있는 걸까."

알렉스는 자신의 행동을 도무지 이해할 수 없었다. 그야말로 충동적이라는 말 외에는 자신의 행동을 설명할 길이 없었다.

알렉스는 열네 살 때부터 3년간 이 마을에 살았다. 그전에도 아버지의 직업 때문에 이국땅을 밟은 적은 여러 번 있었지만, 이 마을에서 보낸 3년만큼 다른 곳으로 떠날 날을 손꼽아 기다린 적은 없었다. 친구들과 날마다 해가 질 때까지 밖에서 놀기 바빴던 어린 알렉스가 이곳에 온 뒤로는 줄곧 외톨이였기 때문이다.

그런 나이였다. 폐쇄적인 이 시골 마을에서 또래 남자아이들은 이미 사이좋게 무리를 이루고 있었고 알렉스는 거기에 새로 끼어들지 못했다. 그들도 알렉스를 환영할 마음은 눈곱만큼도 없어 보였다. 오히려 외지인은 받아들이지 않겠다는 분위기가 더 강했다.

이미 여러 차례 이사를 경험하며 그런 무리에 끼어드는 방법은 충분히 익혔지만, 문제는 사춘기라는 시기만이 아니었다. 언어도 문제였다. 알렉스가 영어로 하는 말을 그들은 이해할 수 있었지만, 알렉스는 그들이 하는 독일어를 알아듣지 못했다. 결국, 알렉스는 3년간 줄곧 혼자여야만 했다. 그리고 지금, 몇십 년 전의 아득한 기억이 깃든 이 마을에서 혼자 있고 싶을 때마다 향했던 공원을 찾아 알렉스는 다시 이 땅에 온 것이다.

살면서 두 번 다시 가고 싶지 않다고 그토록 생각했던 장소를 스스로 찾게 될 줄은 알렉스 역시 오늘 이 순간까지 전혀 예상하지 못했다. 다만 요즘 계속 그의 가슴을 갑갑하게 만들던 감정들이 스스로도 어찌할 수 없을 만큼 강해져서 그를 이곳으로 데려왔다는 생각이 들었다.

어제도 그리 특별할 것 없는, 평소와 다름없는 하루가 시작된 듯했다.

알렉스에게는 중학교와 고등학교에 다니는 두 자녀가 있다. 요즘 알렉스는 아이들과 거의 대화를 나누지 못했다. 서로 밖에 나갔다가 늦게 돌아오는 날이 많다 보니 얼굴을 마주할 일이 줄었기 때문이다. 가끔 두 아이 모두 집에 있을 때도 있지만, 그럴 때는 누나와 남동생이 겨루듯 음악 소리를 크게 키워대서 집은 알렉스가 마음 편히 쉴 수 있는 곳이 아니었다.

아내 낸시는 말이 많다. 말을 하지 않는 때라고는 먹을 때와 잘 때 정도뿐으로, 마치 말을 멈추면 죽는다는 생각이라도 하는 듯했다. 물론 말이 많은 것 자체는 나쁜 게 아니다.

수다스럽다는 점은 결혼하기 전과 다름이 없다. 다만 입에 담는 내용이 예전과 달라졌다. 예전에는 귀여운 사람이라는 생각이 절로 드는 말뿐이었는데, 요즘은 불평과 화풀이 같은 듣기 불편한 말이 대부분이었다.

가족들은 늘 알렉스보다 먼저 집을 나섰다. 낸시는 두 아이에게 아침을 먹이고 학교에 보낸 뒤 서둘러 준비를 마치고 일터로 떠났다. 그런 다음에야 겨우 알렉스는 하루 중 유일하게 단 10분 동안 혼자만의 시간에 고요히 젖을 수 있었다.

알렉스는 누구에게도 방해받지 않는 이 귀한 시간을 항상 아슬아슬할 때까지 만끽한 다음 집을 나섰다. 그 시간을 1분 1초라도 더 오래 누리고 싶기 때문이었다. 그러다 보니 아침에는 늘 종종걸음을 치며 역으로 향하는 게 일상이었다.

어제도 마찬가지였다. 지각하기 직전까지 집에서 혼자만의 시간을 누린 뒤 문을 걸어 잠그고 출근하기 위해 밖으로 나왔다.

그때 알렉스는 현관 앞 우편함에 광고물인 듯한 우편물이 밖으로 반쯤 삐져나온 걸 발견했다. 우편물을 들고 다시 돌아가서 집 안에 두고 올 시간은 없었다. 우편함 안으로 밀어 넣을까도 생각했지만, 누군가 집에 돌아와 꺼내가기를 기다리다가는 비에 젖을지도 모르니 받는 사람이 자신임을 확인

한 다음 윗도리 안주머니에 넣고 서둘러 역으로 향했다.

그는 회사를 그만둬야 할지도 모른다는 이야기를 아직 아무에게도 하지 않았다. 불경기가 계속되는 요즘 회사의 실적은 그리 좋지 않았다. 사내에서 구조 조정이 몇 번 시행되었고 알렉스는 그때마다 어찌어찌 살아남아 여기까지 왔다. 하지만 다음은 자신의 차례일 거라는 예감이 들었다. 알렉스는 새로 사장 자리에 오른 전前 사장의 아들과 뜻이 맞지 않았다. 알렉스보다 스무 살 이상 어린 젊은 사장은 실적 부진의 원인이 오래전부터 회사에 있었던 직원들의 빚을 지금의 직원들이 대신 갚고 있는 탓이라고 공언하며, 전 사장의 신뢰를 얻어 지금까지 일해온 충직한 고참들에게 적대심을 드러냈다.

이제 회사는 알렉스 같은 터줏대감들에게 불편하고 거북한 장소가 되었다. 예전에 맡았던 중요한 업무들은 차례차례 젊은 직원들에게 넘어갔고 알렉스는 잡일을 떠맡는 경우가 많아졌다.

그럼에도 회사를 그만두지 않은 데는 이유가 있었다. 알렉스는 집을 살 때 받은 대출금을 아직 다 갚지 못했다. 물론 그것 때문만은 아니었다. 지금보다 수입이 많은 일자리를 찾지 못할 거라는 점도 큰 이유 중 하나였다.

어차피 잘릴 거라면 그 순간이 올 때까지 여기서 월급을 최대한 받아두자. 그다음은 어쩔 수 없다. 지금까지 한 번도 해본 적 없는 육체노동이든 수입이 적은 사무직이든 하는 수밖에 없다. 그렇게 소극적으로 생각하며 자신에게 일어나는 일을 운명처럼 받아들일 각오는 하고 있었다.

　어제는 젊은 사장이 알렉스에게 직접 업무를 지시했다. 작년에 고객들이 보낸 감사 편지를 항목과 부문별로 나눠 날짜순으로 정리하는 아주 훌륭한 업무였다. 혼자서 해야 하니 모두 끝마치려면 아무리 짧게 잡아도 3개월은 걸릴 테지만, 분류가 끝난 서류는 그 후 아무도 보지 않은 채 그대로 창고라는 무덤 속으로 들어갈 거라는 사실을 알렉스는 누구보다 잘 알았다. 예전에는 그가 일 못하는 사원에게 그런 일을 지시하던 쪽이었기 때문이다.

　그나마도 다른 방에서 혼자 할 수 있다면 위안이 되었겠으나, 젊은 사장은 그 일을 모두가 있는 사무실에서 하도록 요구했다. 자신도 이런 취급은 아무에게도 한 적이 없건만, 그야말로 노골적인 구박이었다.

　업무가 한가한 시간대에는 어딘가에서 쿡쿡 하고 비웃는 듯한 소리가 들려오고, 반대로 바쁜 시간대에는 혼자만 태평하게 앉아서 세상 편하게 일한다며 시샘하는 눈길을 받았다.

하지만 작업은 전혀 편하지 않았다. 단순해 보이지만 자못 손이 많이 가는 일이었다. 글을 모두 읽지 않으면 무엇에 대한 감사 인사인지 알 수 없기 때문이었다. 개중에는 감사 편지인 줄 알고 읽었는데 마지막의 마지막에서야 이제 당신네 회사의 제품은 구입하지 않겠다는 불만 편지일 때도 있었다. 그런 내용도 가려내야 했다.

분류를 몇 가지 마친 뒤 어느 주부에게서 온 감사 편지를 손에 들었을 때이다. 편지에는 알렉스에게 익숙한 울림을 주는 독일 한 시골 마을의 이름이 적혀 있었다. 알렉스는 먼 기억의 파편에서 그 마을에 대한 기억을 불러냈다. 벌써 몇 년째 한 번도 떠올린 적 없는 그 마을의 기억을.

'그래. 거기라면 아무한테도 방해받지 않고 확실히 혼자가 될 수 있겠지. 뭐가 됐든 지금은 혼자 있고 싶어. 지금 내게는 혼자만의 시간이 필요해.'

그렇게 생각하자 알렉스는 도저히 가만히 앉아 있을 수가 없었다.

그날 바로 휴가 신청서를 내고 사무실 책상 서랍에서 여권을 꺼낸 다음, 퇴근 시간이 되자마자 곧장 공항으로 향했다. 집에는 급한 출장으로 해외에 가게 되었다고 공항에서 전화로 연락을 넣었다.

회사 사람들은 너 나 할 것 없이 알렉스가 다시는 돌아오지 않을 거라고 생각했다. 지금까지 같은 처지에 놓였던 사람들 모두가 그랬으니까.

하지만 알렉스 본인은 앞일을 조금도 생각하지 않았다. 그는 그저 혼자가 되고 싶을 뿐이었다.

알렉스는 도중에 딱 한 번 길을 물었다. 옛 모습이 전혀 남아 있지 않은 큰길을 맞닥뜨렸기 때문이다. 그러나 공원이 점점 가까워질수록 거리의 풍경은 알렉스가 기억하는 모습과 똑같아졌다. 그리하여 겨우 공원에 도착할 수 있었다.

알렉스는 이 공원의 이름이 뭔지 알지 못했다. 알기는커녕 이름이 있기는 한지, 정말 공원이 맞기는 한지조차 몰랐다.

그곳은 동쪽, 서쪽, 남쪽 세 방향이 숲으로 둘러싸여 공원과 숲의 경계가 없고 북쪽만 마을을 향해 열려 있었다. 거의 자연에 가까운 상태로, 약간 트인 곳에 있는 연못 주변으로 산책로가 조성되었고 그 길을 따라 벤치가 띄엄띄엄 놓여 있어 간신히 공원이라 부를 수 있는 곳이었다.

알렉스가 공원에 도착했을 무렵에는 예상했던 대로 사람은 거의 보이지 않았다. 알렉스 외에는 연못 건너편 벤치에 노인 한 명이 앉아 있을 뿐이었다. 알렉스는 그가 어릴 적 자기 자리라고 정해두었던 벤치에 가서 앉았다.

그곳에서 보는 풍경은 예전과 전혀 다름이 없었다. 마치 공원의 시간은 멈추고 자신만 나이를 먹은 듯한 착각이 들었다. 이따금 시원한 바람이 연못의 수면에 잔물결을 일으켰다. 숲속 나무들도 바람에 맞춰 짙은 녹색으로 우거진 이파리를 흔들며 기분 좋은 소리를 냈다.

"아아, 이곳을 이토록 멋진 장소라고 느끼는 날이 오다니......."

알렉스는 인생의 신비에 감탄하고 있었다.

그 순간, 나직하게 깔린 두꺼운 구름 한쪽이 갈라지고 햇볕이 숲에 내리쬐었다. 그 한 줄기 빛은 곧고 날카롭게 뻗은 칼처럼 남서쪽 숲에 내리꽂혀 말로는 표현할 수 없을 만큼 환상적이고 아름다운 광경을 만들었다. 그 모습은 알렉스의 뇌리에 그대로 새겨졌다.

"와......."

자기도 모르게 탄성을 흘렸을 때 그 빛은 다시 구름에 가려지고 말았다. 구름은 바람과 함께 끊임없이 모양을 바꾸며 움직이고 있었다.

조금 전까지 아름다운 빛이 내리쬐던 숲을 멍하니 바라보고 있는데, 숲속에서 한 소년이 걸어 나오는 모습이 보였다. 멀리서 보기에도 이 근방에 사는 아이는 아닌 듯했다. 얼굴이 명백히 독일인의 생김새와는 달랐다. 굳이 말하자면 서아시아 혹은 남아시아 쪽 사람에 가까운 외모였다. 게다가 어깨에 커다란 배낭을 메고 있었고 거리가 점점 가까워지자 얼마나 많이 걸으면 그렇게 되는지 짐작이 가지 않을 만큼 신발이 너덜너덜하다는 사실을 알 수 있었다.

알렉스는 이쪽을 향해 똑바로 걸어오는 소년을 처음에는 아무 생각 없이 보고 있었다. 그러나 잠시 후 알렉스는 작은 혼란에 빠졌다. 자기 앞을 그대로 지나칠 거라 예상했던 소년이 자신의 앞에 멈춰 서더니 알렉스가 앉은 벤치에, 그것도 알렉스 바로 옆에 앉았기 때문이다. 잠시 작게 미소 지은 듯 보였던 소년은 아무 말 없이, 적어도 일곱 개는 되어 보이는 주변의 빈 벤치 대신 굳이 알렉스의 옆자리를 골라 앉은 것이다. 게다가 알렉스의 눈에는 망설임 없이 일직선으로 이쪽을 향해 걸어온 것처럼 보였다.

알렉스는 순간 숨을 멈췄지만, 금세 어른으로서 먼저 인사를 건네야겠다고 마음먹고 소년에게 말을 걸었다.

“안녕.”

홍미진진하다는 눈으로 지그시 알렉스를 바라보던 소년은 눈을 반짝반짝 빛내며 한 박자 늦게 예의 바른 동작으로 모자를 벗고는 웃는 얼굴로 정중하게 자기소개를 했다.

“안녕하세요. 저는 사이드라고 해요.”

만남

"반갑다, 사이드. 나는 알렉스야. 넌 어디에서 왔니?"

"먼 나라에서 왔어요."

"먼 나라라니…… 혼자 온 거야?"

사이드는 대답하지 않았지만, 망설이는 듯한 표정으로 모자를 양손으로 꼭 움켜쥔 채 이쪽을 물끄러미 바라보았다. 침묵을 더 이상 견디지 못하고 알렉스가 다시 물으려던 때였다.

"너는…….."

"저기…….."

알렉스는 하려던 말을 멈추고 사이드에게 계속 말해보라고 눈짓했다.

사이드가 말을 이었다.

"저…… 당신이 마지막 현자인가요?"

알렉스는 어안이 벙벙해져서 자기도 모르게 입을 헤 벌렸다.

'이 애가 무슨 소리를 하는 거지?'

사이드가 이어서 말했다.

"저는 여덟 번째 현자에게서 마지막 현자가 오늘 이 공원의 이 벤치에 나타날 거라는 말을 듣고 찾아왔어요. 당신이 마지막, 아홉 번째 현자인가요?"

소년은 거듭 같은 질문을 했다.

알렉스는 조금 엉뚱한 소리를 하는 이 소년에게 무슨 말이든 답을 해주어야 했다.

"나는 알렉스 몰트먼이라고 하는데, 유감스럽지만 네가 찾는 현자는 아니야. 굳이 말하자면 어리석은 부류에 속하는 인간이지."

사이드는 숨을 크게 들이마셨다가 단번에 후 내뱉더니 지금껏 긴장했던 모습이 거짓말인 양 순식간에 어깨에 힘을 풀었다.

"역시 아니었군요……. 아니, 그게…… 이상한 뜻이 아니라…… 죄송합니다. 지금까지 만난 현자들은 처음 본 순간 뭔가 '이 사람이구나' 싶은 느낌이 왔거든요…… 아니, 저 그

게 아니라 약속 시간보다 좀 일러서…… 왠지 아니지 않을까
하고 그……."

실망과 안도 그리고 초조함이 뒤섞인 표정을 짓는 소년의
어깨에 알렉스는 살포시 손을 얹었다.

"괜찮아, 사이드. 난 정말 현자와는 거리가 먼 사람이니까."

알렉스는 그렇게 말하며 미소 지었다.

알렉스는 사이드라는 이 별난 소년이 궁금해졌다. 하는 말
은 엉뚱하기 그지없지만, 장난을 치거나 알렉스를 놀리려는
속셈 같은 건 전혀 느껴지지 않았다. 소년의 초롱초롱한 눈
망울과 쾌활한 표정이 그런 일을 할 사람이 아니라고 분명히
말해주었다.

알렉스는 사이드와 이야기해보고 싶다는 마음을 더 이상
억누르기가 어려웠다.

"사이드, 너는 현자를 만나려고 여기 왔다는 말이니?"

"맞아요. 할아버지께 받은 《현자의 서》를 완성해서 마지막
현자에게 건네기 위해 여행 중이에요. 지금까지 여행을 다니
면서 여덟 명의 현자를 만났어요. 그리고 드디어 이 《현자의
서》를 거의 다 완성했죠."

그렇게 말하며 사이드는 가방 속에서 고풍스러워 보이는
커다란 책을 천천히 꺼내 들었다.

사이드는 그 책을 알렉스에게 내밀었다. 알렉스는 머뭇머뭇 양손으로 책을 받아 자신의 무릎 위로 가져왔다. 중후한 표지에 감싸인 그 책에는 실제로 '현자의 서'라는 제목이 적혀 있고 그 밑으로 글씨가 한 줄 새겨져 있었다.

'모든 성공을 손에 넣을 수 있는 최고의 현자가 되는 여행.'

책은 나무로 된 표지를 제본해 만들었는데, 표지 한가운데가 정사각형으로 움푹 파여 있고 뭔가를 끼워 넣을 수 있게 되어 있었다. 어제오늘 만든 책이 아니라 몇십 년, 어쩌면 몇백 년도 전에 만든 책이라는 걸 한눈에 알아보았다.

알렉스는 책을 펼쳐보려고 표지 끄트머리에 엄지손가락을 걸고서 사이드에게 눈길을 돌렸다. 그 모습을 지켜보던 사이드는 웃으며 고개를 끄덕였다. 봐도 좋다는 뜻이었다.

알렉스는 여행자를 자처하며 현자를 찾아다니는 신기한 소년에게 받은 이른바 《현자의 서》를 조심스레 펼쳐보았다.

"……."

사이드는 싱글벙글 웃으며 알렉스를 바라보고 있었다.

"사이드. 《현자의 서》를 거의 다 완성했다고 하지 않았니?

그런데 여기에는 아무것도 안 적혀 있는걸. 이건 완전히 백지잖아."

사이드는 손바닥을 알렉스를 향해 내밀며 말을 가로막았다. 그러고는 아랫입술을 깨물며 장난스러운 미소를 띠고서다시 가방 속으로 손을 집어넣었다. 순간 가방 안에서 푸르스름한 빛이 새어 나오는 듯 보였다. 기분 탓일까.

그때, 천천히 바깥으로 나온 사이드의 손은 퍼즐 조각 몇개를 꼭 쥐고 있었다.

"그건 뭐야?"

"이건《현자의 서》를 완성하는 퍼즐 조각이에요. 아홉 현자는 퍼즐 조각을 각각 하나씩 지니고 있는데, 제가 만난 현자들은 제게 가르침을 주었다는 증표로 각자가 가진 조각을내주었어요. 지금까지 여덟 명의 현자를 만나 조각 여덟 개를 손에 넣었고요."

사이드는 그렇게 말하며 알렉스의 무릎 위에 놓인《현자의 서》를 덮었다. 그러고는 조각 하나를 표지 한가운데 있는틀 안에 끼우며 말했다.

"그렇게 얻은 조각을《현자의 서》에 끼워 넣으면 제가 현자에게 받은 가르침이 책 속에 나타나요."

조각이 틀 안에 딱 들어맞은 순간, 책 표지가 눈부신 빛을 뽑어 알렉스는 눈앞이 아찔해졌다. 《현자의 서》는 알렉스의 무릎 위에서 부르르 떨며 거센 바람을 일으켰다.

너무 순식간에 벌어진 일이어서 주변은 금세 아무 일도 없었던 것처럼 쥐 죽은 듯 고요해졌다. 연못 수면은 물결 하나 일지 않았고 나무들도 술렁이지 않았다.

알렉스가 무슨 일이 일어났는지 이해하지 못하고 두리번거리고 있으니 사이드가 팔꿈치를 가볍게 두세 번 잡아당겼다.

"알렉스 씨."

알렉스는 정신을 차리고 사이드를 바라보았다. 소년은 좀 전과 다름없이 웃는 얼굴로 고개를 끄덕였다. 책을 다시 펼쳐보라는 뜻이었다. 알렉스는 두근두근하는 심장 소리를 느끼며 다시 천천히 책을 펼쳤다.

"이, 이건!"

도무지 믿기지 않는다는 표정으로 알렉스는 차례차례 책장을 넘겼다. 거기에는 사이드와 한 현자의 이야기가 적혀 있었다.

"어떻게 이런……."

알렉스는 너무 놀란 나머지 말을 잃고 손을 잘게 떨었다. 연신 책장을 팔랑팔랑 넘기며 눈을 화등잔처럼 크게 뜬 중년

남성에게 사이드는 계속해서 말했다.

"저는 오늘 여기서 마지막 현자를 만날 거예요. 마지막 현자가 제가 지금껏 가르침을 받은 이야기를 읽고, 제가 모든 성공을 손에 넣고 사람들을 행복으로 이끌 수 있는 최고의 현자에 걸맞게 성장했다고 인정하면 마지막 조각을 얻을 수 있어요. 그러면 저는 제 비전을 손에 넣을 수 있죠. 그리고 마침내 완성돼 제게 비전을 보여준《현자의 서》를 마지막 현자에게 건넨 순간, 여행은 끝이 나고 최고의 현자로서 비전을 향해 나아가는 새로운 인생이 시작되는 거예요."

알렉스는 조금 흥분한 기색으로 물었다.

"현자는…… 마지막 현자라는 사람은 정말 오늘 여기에 오는 거니?"

"여덟 번째 현자가 한 말이니 틀림없을 거예요."

"그럼 나도 너와 함께 마지막 현자를 만나서 대화하거나 이런저런 가르침을 받을 수 있을까?"

"괜찮을 것 같아요. 다만 그건 제가 아니라 현자가 정할 일이니 알렉스 씨가 직접 여쭤봐주세요."

현자라는 사람이 이 세상에 존재하고 오늘 이곳에 온다면, 알렉스는 묻고 싶은 게 산더미처럼 많았다. 앞으로 인생을 어떻게 살아야 할지 묻고 싶었다. 어떻게 해야 이 삶을 좋은 방향으로 이끌 수 있을까. 길을 잃고 헤매는 자신의 인생에는 현자의 가르침이 필요했다. 꼭 만나 이야기를 듣고 싶었다.

'앞으로 인생을 어떻게 살아가야 좋을지 제발 가르쳐줬으면 좋겠어.'

알렉스가 그렇게 생각하는 동안 사이드는 크게 하품하며 기지개를 켜더니 말했다.

"알렉스 씨, 저는 꼬박 하루 동안 쉬지 않고 걸어서 잠시 눈을 붙이고 싶은데 괜찮을까요? 아직 약속 시간까지 몇 시간 남기도 했고요."

"물론 괜찮지만, 이런 중요한 물건을 누가 보기라도 하면 큰일이잖아. 어서 넣어둬."

"괜찮아요. 알렉스 씨가 가지고 있으니까요."

사이드는 그렇게 말하고는 나머지 조각 일곱 개도 연달아 틀 안에 끼워 넣었다. 남은 한 조각이 들어갈 가운데 부분만 제외하고 눈 깜짝할 사이에 사이드가 가진 여덟 개의 조각이 모두 표지에 들어맞았다. 일곱 번 나타날 눈부신 빛과 세찬 바람이 한꺼번에 일어나 알렉스는 눈을 뜨고 있을 수가 없었다.

빛과 바람이 잦아든 뒤 알렉스가 눈을 뜨니 사이드는 모자를 얼굴에 걸치듯 덮고서 이미 벤치에 누워 있었다.

"사이드, 사람을 너무 쉽게 믿지 않는 게 좋아. 이 세상에는 말이지……."

알렉스가 충고하려 하자 사이드가 불쑥 끼어들었다.

"괜찮아요. 알렉스 씨가 그걸 가지고 사라질 만한 사람이 아니라는 건 아니까요. 그렇지 않았으면 저는 이곳을 떠나 아무도 없는 곳에서 혼자 잤을 거예요."

알렉스는 하려던 말을 그만두었다. 이 소년은 자신이 알지 못하는 많은 사실을 알고 있는 듯했다. 그렇게 생각하고 책을 내려다보았다. 알렉스는 문득 생각난 듯 입을 열었다. 사이드가 완전히 잠에 빠지기 전에 꼭 물어봐야 할 게 하나 있었기 때문이다.

"사이드, 저기…… 내가 이《현자의 서》를 읽어도 될까?"

사이드는 예상과 달리 아무렇지 않다는 듯 답했다.

"네, 괜찮아요. 여행하는 도중에 다른 사람이 읽으면 안 된다는 규칙은 없으니까요."

그런 말을 남기고 사이드는 잠들어버렸다.

알렉스는 잠시 동안 무릎 위에 놓인 책의 표지를 가만히 바라보았다. 연못 건너편에 있던 노인은 어느새 사라지고 없었다.

끝없이 펼쳐진 숲, 고요한 연못, 나직하게 드리운 구름, 아무도 없는 벤치 몇 개, 이따금 불어오는 보드라운 바람 그리고 곁에서 잠든 신비한 소년과 한 권의 책. 그 순간 알렉스의 세계에 존재하는 건 그것이 전부였다.

알렉스에게 지금이 언제이며 어떤 상황인지는 아무래도 상관이 없었다. 그가 느끼는 모든 감각이 오직 한 가지 행동만을 그에게 바라고 있었다.

'이 책을 읽어!'

그런 강렬한 느낌이 들었다.

알렉스는 쿵쾅거리는 가슴을 가라앉히려 노력하며 천천히 책을 펼치고《현자의 서》를 읽기 시작했다.

Book of the Wise

서장 :
여행의 시작

그날 사이드는 평소보다 일찍 눈을 떴다. 태양이 밝게 빛나며 하루를 반기는 듯했다.

오늘은 사이드의 열네 번째 생일이었다. 사이드는 새장 속 작은 새에게 먹이를 준 다음, 집 밖에서 장작을 패는 자미스에게 서둘러 달려갔다.

"할아버지, 좋은 아침이에요."

"좋은 아침이야, 사이드. 어쩐 일이니? 평소보다 일찍 일어났구나."

"할아버지, 오늘이 무슨 날인지 잊으셨어요?"

"잊어버리기는. 네 열네 번째 생일이잖니."

"할아버지가 제 인생을 바꿀 만큼 귀한 선물을 주겠다고 한 것도 기억하시죠?"

"암, 그렇고말고. 이미 준비해뒀지. 아침 일거리를 모두 마치고 나면 내 방으로 오려무나."

그 말이 채 끝나기도 전에 사이드는 이미 집 쪽으로 달음박질치기 시작했다. 침대 정돈, 집 안 청소 같은 일과를 차례차례 해치우고 근처 강에 가서 물을 길어 오기까지 사이드는 모든 일거리를 놀라울 만큼 빠른 속도로 끝내버렸다.

자미스가 장작을 모두 패고 방에 돌아왔을 때, 사이드는 이미 안에서 그를 기다리고 있었다.

"후후, 아주 빠르구나. 조금 일러도 상관없겠지."

그렇게 말하며 자미스는 나무로 된 낡은 의자에 천천히 걸터앉았다. 의자와 바닥이 삐걱삐걱하는 소리가 멎기를 잠시 기다렸다가 자미스가 입을 열었다.

"자, 너도 오늘부로 열네 살이로구나. 그게 무슨 뜻인지 아니? 네가 자신의 인생을 어떤 인생으로 만들지 결정하기 위해 마침내 여행에 나설 때가 되었다는 뜻이란다."

"여행? 갑자기 무슨 여행이요? 저는 여기서 생활하면서 해야 할 일도 있고……."

"자, 일단 들어보렴. 사람은 늦든 이르든 언젠가는 여행을 떠나야 해. 앞으로 어떻게 살아갈지 스스로 결정하는 여행이지. 사이드, 너는 네 인생을 어떤 인생으로 만들고 싶니?"

사이드는 왼손 집게손가락을 코에 대고 잠시 동안 가만히 생각한 다음 답했다.

"뭘 하고 싶은지나 어떻게 할지는 잘 모르겠지만, 아무튼 행복해지고 싶어요. 매일매일을 행복하고 근사한 하루로 만들고 싶어요. 그런 인생이 된다면 정말 좋을 것 같아요."

"그렇겠지. 너라면 그렇게 생각할 거라 믿었단다. 그래서 나는 너에게 '최고의 현자가 되는 여행'을 선물하려고 해."

사이드는 어리둥절했다. 세상에는 다양한 일과 직업이 있고 나중에는 그중 무언가를 해야만 살아갈 수 있다는 사실은 알았지만, 거기에 '현자'라는 직업은 없었기 때문이다.

"최고의 현자?"

"그래."

자미스는 자리에서 일어나 사이드에게 다가갔다. 그러고는 사이드의 어깨에 팔을 둘러 끌어안듯이 일으켜 세우며 말을 이었다.

"최고의 현자가 되면 인생이 뜻하는 대로 흘러가지. 삶에서 일어나는 온갖 일들을 네 편으로 만들어 자신이 원하는 모든 것, 다시 말해 온갖 성공을 손에 넣고 네가 바라는 행복한 매일을 누릴 수 있단다. 그뿐 아니라 네 주변에 있는 많은 사람에게도 성공과 행복을 가져다줄 수 있어."

두 사람은 어느새 방 입구까지 와 있었다.

"그럼 채비를 하고 오렴."

"네? 지금 바로요?"

"그럼. 여행은 이미 시작되었으니까. 잘 생각해보고 떠나고 싶지 않으면 오늘 정오에 네 방에 있으면 돼. 만약 여행할 마음이 든다면 떠날 준비를 하고 다시 이 방으로 오렴. 알겠니? 부디 잊지 말거라. 사람은 늦든 이르든 언젠가는 자신의 인생을 어떻게 살아갈지 결정하기 위해 여행에 나서야 해. 그리고 최고의 현자가 된다는 건 모든 성공을 손에 넣을 수 있다는 증표라는 사실을 말이다."

그렇게 말한 다음 자미스는 사이드를 방 밖으로 천천히 밀어내고 문을 닫았다. 사이드는 한동안 방 밖에서 홀로 오도카니 서 있었다. 그저 멍하니.

사이드가 다시 자미스의 방문 앞에 선 건 그로부터 한 시간쯤 지난 뒤였다.

어떻게 해야 할지 망설였지만, '어떡하지? 어떡하지?' 하고 머릿속으로 생각하면서도 여행에 필요한 준비물을 하나하나 꺼내오는 자신을 발견했을 때 마침내 떠나야겠다고 마음먹었다.

왜 그렇게 결심했느냐고 묻는다면 이유를 제대로 설명할 재주도 없고 스스로도 잘 알지 못했지만, 어찌 되었든 떠나기로 결심하고 그곳에 섰다.

'돌이키려면 지금뿐이야.'

순간 그런 생각이 들었지만, 소년의 마음속에서는 여행에 대한 불안보다 기대가 더욱 컸다.

사이드는 마음을 굳게 먹고 문을 똑똑 두드렸다.

"할아버지, 들어갈게요."

문을 열자 자미스가 방 한가운데에서 뒷짐을 진 채 가만히 서 있는 게 보였다.

"잘 왔구나, 사이드. 거기 앉아라."

사이드는 아무 말 없이 할아버지의 말을 따랐다.

"다시 여기 왔다는 건 여행을 떠나기로 결심했다는 뜻이로구나. 마음의 준비는 되었니?"

"네."

"좋아. 이건 내가 주는 선물이란다."

자미스는 뒷짐 진 손에 들고 있던 책 한 권을 사이드에게 건넸다. 나무로 만든 표지에는 '현자의 서'라는 제목이 적혀 있고 표지 한가운데가 커다란 정사각형 모양으로 움푹 파여 있었다.

"이, 이게 뭐예요?"

사이드는 책장을 넘겨보았지만 책에는 아무것도 적혀 있지 않았다. 완전히 백지였다.

"이건 《현자의 서》란다. 보다시피 안에는 아직 아무것도 쓰여 있지 않지. 앞으로 여행을 하면서 네가 책 속 이야기를 채워가게 될 거란다."

"제가 글을 써야 하는 거예요?"

"아니, 직접 쓸 필요는 없어. 네가 뭔가를 배우면 배운 내용이 자연히 거기에 나타나 흰 종이를 메워주지. 넌 그저 배우기만 하면 돼."

"배워요?"

"그래. 자, 지금부터 내가 하는 이야기를 잘 들어라. 너는 이제 여행을 떠나 아홉 명의 현자를 만날 거란다. 그리고 각각의 현자에게서 네가 최고의 현자가 되는 데 필요한 가르침을 배워오면 되는 거야. 그리고 현자들은 모두 이걸 하나씩 가지고 있지."

노인은 품속에서 푸르스름하게 빛나는 작은 무언가를 천

천히 꺼냈다.

"퍼즐 조각?"

"그래. 현자들이 너에게 최고의 현자가 되는 데 필요한 가르침을 주었다는 증표로 이걸 건네줄 거야. 그걸 표지에 있는 틀에 끼워 넣으면 네가 배운 모든 내용이 이 책 속에 나타나지. 그렇게 모든 현자에게서 하나씩, 총 아홉 조각을 손에 넣었을 때《현자의 서》는 비로소 완성되고 너는 모든 성공을 손에 넣을 수 있는 최고의 현자로서 인생을 새로이 시작할 수 있단다."

"그럼 여행을 떠나서 아홉 명의 현자를 만나고 그들에게 퍼즐 조각을 받아오면 된다는 뜻이네요."

"맞아. 하지만 명심하거라. 이《현자의 서》는 결코 네 것이 아니야. 이건 아홉 번째 현자, 즉 마지막 현자의 것이지. 그러니까 모든 현자에게 받은 퍼즐 조각과 함께 책을 마지막 현자에게 돌려주면 되는 거야."

"어, 잠깐만요. 전부 돌려줘야 한다고요? 애써 완성해도 결국 가질 수 없다니……."

"걱정하지 않아도 돼, 사이드. 책 안에 든 내용은 모두 네 머릿속에 새겨질 테니. 너는 이 책을 완성해서 네 것으로 만들기 위해 여행하며 조각을 모으는 게 아니란다. '비전'을 손에 넣기 위해 여행하는 것이지."

"비전이요?"

"그래, 비전 말이다. 퍼즐 조각 아홉 개를 모두 이 틀 안에 끼우면 완성되는 정사각형 퍼즐 위에 비전이 나타날 거야. 최고의 현자에게 걸맞은 지혜를 터득해 인생을 어떤 방향으로 이끌어야 할지 가르쳐주는 것. 그게 비전이지. 그걸 손에 넣는 게 이 여행의 가장 큰 목적이란다.

하지만 한 가지 주의해야 할 점이 있어. 모든 현자는 자신이 가르쳐준 걸 네가 올바르게 이해했든 그렇지 않든 그들의 가르침을 모두 주고 나면 무조건 퍼즐 조각을 네게 건네줄 거란다. 다시 말해 네가 뭔가를 배우든 전혀 배우지 못하든 조각은 얻을 수 있다는 말이지. 하지만 마지막 현자, 아홉 번째 현자는 달라. 이 책의 주인인 마지막 현자는 네가 채워온 《현자의 서》를 읽고 네가 모든 성공을 손에 넣을 수 있는 최고의 현자에 걸맞게 성장했다고 판단했을 때만 퍼즐 조각을 건네고 비전을 보여줄 거야. 그러니 비전을 얻을 수 있는가 없는가는 네가 무엇을 배웠느냐에 달려 있어."

"그럼 오랜 시간 여행해도 끝내 모든 게 물거품이 될 수도 있다는 말이네요."

"그런 셈이지. 하지만 그리 긴장할 필요는 없어. 현자들은 모두 널 반갑게 맞이하고 알기 쉽게 그들의 가르침을 전해줄 테니까. 네게 진심으로 배우려는 자세만 있다면 틀림없이 모두 터득할 수 있을 거야. 너 자신을 믿으렴, 사이드. 괜찮아. 너라면 할 수 있어."

사이드 스스로도 자신의 용기를 북돋기 위해 속으로 몇 번이고 되뇌었다. '괜찮아, 걱정 마. 넌 할 수 있어'라고 말이다.

"자, 네가 용기를 낼 수 있도록 이 책이 지닌 신비한 힘을 보여주마. 왼손을 이 책 위에 얹어보렴. 그리고 결심하는 거야. 굳게, 강하게, 여행을 떠나겠다는 결심을 말이야."

사이드는 있는 힘껏 몇 번이고 마음속으로 빌었다. 그러자 하나 또 하나, 작은 빛의 알갱이 같은 게 왼손을 얹은 책 속으로 빨려드는 모습이 똑똑히 보였다. 《현자의 서》가 뜨거워지는 걸 느끼고 사이드는 자기도 모르게 손을 뗐다.

"다시 한번 안을 들여다보렴."

자미스의 말에 사이드가 표지를 펼쳐보니 좀 전까지 아무것도 적혀 있지 않았던 곳에 글자가 또렷이 나타나 있었다.

'최고의 현자가 되고자 하는 사이드여. 이 책을 완성하는 여행을 통해 모든 것을 배우라.'

"이제 준비가 모두 끝난 것 같구나."

자미스는 흐뭇하게 말했다.

사이드는 잠시 넋을 놓고 그 신비한 책을 바라보다가 점점 커지는 기쁨과 심장의 고동 소리를 느끼며 입을 열었다.

"네. 꼭 최고의 현자가 되어 돌아올게요."

사이드의 눈은 반짝반짝 빛나고 있었다.

"자, 이제 첫 번째 현자를 만나는 순간 여행이 본격적으로 시작된다만……."

"그 첫 번째 현자를 만나려면 어디로 가야 하는지 할아버지는 아세요?"

"이런, 이런, 사이드. 벌써 잊어버렸구나? 내가 너에게 이걸 보여주었잖니."

자미스는 다시 한번 푸르스름하게 빛나는 퍼즐 조각을 품 속에서 꺼내 사이드의 눈앞에 들어 보였다.

"어! 그럼 설마……."

"그래, 내가 첫 번째 현자란다."

첫 번째
현자

"나는 현자들 가운데 '행동'의 현자, 액트Act라고 한다."

"하지만 할아버지가 현자라니 상상도 못 했는데……."

"하하하, 때로는 아주 가까운 곳에 현자가 있기도 하지. 너도 곧 자연히 알게 될 거야. 아무튼 그건 중요치 않아. 바로 나의 가르침을 전해주마. 잘 들거라."

자미스는, 아니, 첫 번째 현자 액트는 그렇게 말하며 사이드에게 다가왔다.

"손을 내밀어보거라, 사이드. 우선 네게 이 퍼즐 조각을 건네주마."

"그렇지만…… 저는 아직 아무것도……."

"자, 잘 들거라. 너는 한 가지 행동을 했어. 여행에 나선다는 한 가지 행동 말이다. 그리고 그 행동 덕에 지금 이 조각 하나를 얻었지. 인생이란 그런 과정의 연속이야. 잊어서는 안 돼. 인생이란 그저 그런 일이 계속 반복되는 것에 불과하단다."

사이드는 견디지 못하고 입을 열었다.

"무슨 소리인지 잘 모르겠어요."

"사이드, 조급해할 필요는 없어. 좀 전에 말했듯이 현자들은 네게 필요한 모든 가르침을 알맞은 순서대로 알려줄 테니까. 배우는 사람이 진심으로 배우려고만 한다면 반드시 알 수 있도록 말이다.

이해하려 노력하기보다는 모든 걸 있는 그대로 받아들이려 해보거라. 아는 사실만 받아들이고 모르는 사실은 받아들일 수 없다고 생각하는 게 아니라, 먼저 있는 그대로 받아들이는 거다. 알겠니? 다시 한번 말하마. 이해하려 하지 않아도 돼. 말 자체를 자기 자신 안에 그대로 받아들이려 노력하는 거야.

자, 다시 해보자꾸나. 네가 한 가지 행동을 했어. 그러면 그 행동 덕에 조각 하나를 얻을 수 있지. 인생이란 그저 그러한 과정의 연속일 뿐이다."

사이드는 이 말을 몇 번이고 되뇌며 머릿속에 집어넣으려

했다. 무슨 뜻인지 정확히는 알 수 없었지만, 그럼에도 받아들일 수는 있다는 사실을 이때 처음으로 깨달았다.

첫 번째 현자 액트는 방 한쪽 벽에 걸린 커다란 그림 앞으로 걸어갔다.

"사이드, 이 그림을 자세히 들여다보거라. 이 거대한 그림은 만 개나 되는 작은 퍼즐 조각으로 이루어져 있지."

그렇게 말하고는 벽에 기대 세워둔 지팡이를 손에 들더니 그림 한가운데를 지팡이로 힘껏 쳤다. 그러자 거대한 그림이 눈사태처럼 와르르 무너져 눈 깜짝할 사이에 퍼즐 조각이 모두 바닥으로 쏟아져버렸다. 몇 년이나 그곳에 걸려 있던 그림은 순식간에 산산이 부서져 내렸고 벽에는 테두리만 허전하게 남겨졌다.

액트는 그 자리에 쪼그리고 앉아 조각을 몇 개 주워 들어 사이드 앞에 있는 책상 위에 아무렇게나 올려두고는 이어서 말했다. 사이드는 그 모습을 어안이 벙벙한 채 바라보았다.

행동거지도 말투도 자미스의 평소 모습과는 확연히 달랐다. 사이드의 앞에 서 있는 사람은 틀림없이 현자였다.

"인간의 인생이란 저렇게 커다란 그림 한 장을 완성하는 것과 같다. 그림을 완성한 인생을 성공한 인생이라 부르며, 앞으로 어떤 그림을 완성할지 생각하는 걸 우리는 '꿈'이라 부르지. 어떤 사람은 몇 안 되는 조각으로 이루어진 작은 꿈을 꾸고, 또 어떤 사람은 저 그림처럼 터무니없이 커다란 꿈을 꾸기도 해. 어떤 꿈을 그릴지는 그 사람의 자유야."

액트는 그렇게 말하고 난 뒤 한 호흡 쉬고서 사이드의 맞은편에 의자를 두고 천천히 앉았다. 그리고 사이드의 눈을 보며 차근차근 말을 이었다.

"이 세상에는 위대한 힘이란 게 존재한단다. 그 위대한 힘이 모든 우주를 만들고, 태양을 만들고, 지구와 그곳에 사는 모든 생물 그리고 우리 인간도 만들어냈지. 거기 있는《현자의 서》도 마찬가지다. 이것들은 모두 엄청난 힘에 의해 탄생했어. 그리고 그 힘은 네가 인생에서 이루고자 하는 목표를 현실로 만들 수 있도록 전폭적으로 도와준다. 위대한 힘은 항상 너의 편이니까.

그 위대한 힘이 하는 일은 오직 한 가지. 네가 어떤 행동을 할 때마다 네 꿈을 완성하는 데 필요한 퍼즐 조각을 하나씩 건네주는 것이다. 사이드, 너는 좀 전까지 저기 걸려 있던 그림이 어떤 그림이었는지 기억하니?"

사이드는 고개를 한 번 꾸벅, 말없이 끄덕였다. 자미스가 예전에 딱 한 번 설명해준 적이 있었다. 그 그림은 모든 우주를 나타내는 것이라고.

그 그림은 무척 환상적인 분위기였는데, 한가운데에는 찬란하게 빛나는 커다란 별이 있고 그 주변으로 다양한 별과 온갖 식물, 각양각색의 동물들이 여기저기 그려져 있었다. 오로라나 빛깔이 있는 가스 같은 것도 담겨 있었다. 주변에 흩어져 있는 생물들은 크기가 무척 작아서 가까이에서 보면 동물이나 식물이라는 걸 알 수 있었지만, 멀리서 보면 하나하나가 무슨 그림인지 정확히 알 수 없었다. 그러나 그림 전체를 보면 인간의 눈처럼 보이는 아주 신기한 그림이었다.

"인간이 어떤 행동을 하면 위대한 힘은 퍼즐 조각을 하나 건네지. 이게 그 퍼즐 조각이라고 가정해보자."

액트는 책상 위에 있는 조각 하나를 들어 사이드에게 내밀었다.

"이 조각 하나를 받았다고 해서 좀 전에 본 완성된 그림을 바로 떠올릴 수 있을까?"

"상상도 못 할 거예요. 이 조각은 그냥 새카만 색이니까요. 어디에 어떻게 쓰이는 부분인지 헤아리기도 어려운데, 하물며 어떤 그림이 완성될지 이거 하나만 보고는 알 수 있을 리 없어요."

"그래, 맞아. 사람은 행동한 결과 퍼즐 조각 하나를 얻지만, 대개는 그것만 보고 미래의 완성된 그림을 떠올릴 수는 없어. 그런데 행동하다 보면, 어쩌면 이런 그림이 완성될지도 모른다고 상상이 가는 퍼즐 조각을 우연히 손에 넣기도 해. 그때 사람이 마음속으로 상상하는 미래의 완성된 그림, 그게 바로 '꿈'이다.

자, 그러면 그 후로 그림을 완성하려면 무엇이 필요한지는 자연히 정해지겠지. 뭔지 알겠니, 사이드? 그래, 오직 행동뿐이다. 네가 하나의 행동을 할 때마다 위대한 힘은 그림을 완성하는 데 필요한 조각을 하나씩 빠짐없이 건네줄 거야. 그리고 위대한 힘이 네게 주는 조각 가운데 같은 조각은 하나도 없다는 사실도 알아두면 좋겠구나. 네가 한 번 조각을 받아들이면, 위대한 힘은 같은 조각을 두 번 다시 건네지 않아.

인간은 지금껏 하지 못했던 일을 할 수 있게 되면 더없이 기뻐하지. 그런 경험도 행동한 결과 주어진 퍼즐 조각 중 하나라고 할 수 있어. 직후에 같은 일을 다시 한번 해냈을 때, 같은 감동을 맛볼 수 없는 이유도 바로 그 때문이란다. 그 퍼즐 조각을 이미 손에 넣었다는 사실을 우리가 알아챌 수 있도록 위대한 힘이 인간들을 그렇게 만들었기 때문이야.

반면, 위대한 힘은 네가 조각을 받아들일 때까지 같은 조각이라도 몇 번이고 계속해서 건네려 한다. 어리석은 인간은 기껏 얻은 조각을 멋대로 필요 없다고 판단해 그대로 버리거나 무시하기도 해. 그럴 때도 위대한 힘은 너그럽게 우리에게 손을 내밀어주지. 내팽개친 조각은 아직 얻지 못했다고 간주하고 완전히 똑같은 조각을 건네주는 거야. 이건 네게 반드시 필요한 조각이라고 살갑게 속삭이며 말이다. 몇 번이나 거듭해서. 그것이 인생의 그림을 완성하는 데 반드시 필요한 조각인 걸 그 사람이 깨달을 때까지.

사이드. 내가 하는 말이 무슨 뜻인지 얼추 이해했겠지? 이 세상의 현자와 성공한 사람들은 모두 그 사실을 알고 있어. 마음속에 큰 그림, 즉 꿈을 그리고 나아가 행동하고, 그러면 그림을 완성하는 데 필요한 조각 하나를 얻을 수 있다는 사실. 요컨대 어떤 행동의 결과로 손안에 들어오는 건 실패도 성공도 아니며, 그림을 모두 완성하기 위해 반드시 필요한 조각 하나, 그 이상도 이하도 아니라는 사실을 말이다.

행동하지 않으면 실패도 성공도 없다. 사람들이 자주 하는 말이지. 그런데 사람들이 잘못 생각하는 게 있어. 바로 행동만 하면 언젠가 하나의 커다란 그림을 손에 넣을 수 있다고 많은 사람이 믿는다는 거야. 더 큰 문제는 사람들이 행동하기도 전에 '이렇게 되었으면 좋겠다'라고 자신이 원하는 결과를 기대하는 거란다. 그 순간, 인간은 자신이 상상할 수 있는 가장 편리하고 유리한 상황만을 기대하게 돼. 하지만 결과가 기대한 대로 나올 거라는 보장은 없어. 오히려 뜻대로 되지 않을 때가 더 많아.

인간은 욕심이 아주 많은 동물이라 자신이 한 사소한 일에 대해 터무니없이 큰 보답을 바라기도 한단다. 큰 보상을 거두면 성공이라 부르고 그러지 못하면 실패라 부르지. 하지만 실제로는 그런 게 아니야. 어떠한 행동을 했을 때 우리가 손에 쥐는 건 어떤 경우든 작은 조각 하나에 불과해.

다만 그 사실을 아는 이들 중에도 어리석은 사람은 있어. 자신이 받은 퍼즐 조각이 필요한지 필요치 않은지를 스스로 결정하려 드는 사람이지. 예를 들어 어떤 사람이 이 조각을 손에 넣었다고 가정해보거라."

그렇게 말하며 현자는 퍼즐 조각 하나를 가리켰다. 그 퍼즐 조각에는 얼룩말의 머리 부분이 그려져 있었다.

"그리고 또 다른 행동의 결과, 이 조각을 얻었다고 해보자."

그다음으로 액트가 가리킨 조각에는 얼룩말이 목부터 어깨까지 그려져 있고, 방금 본 조각과 정확히 맞아떨어져 하나의 그림을 이루었다.

"그러면 자신이 바라던 걸 끝내 얻어냈다고 생각하며 기뻐하겠지. 그리고 다음에도 그 옆에 딱 맞아떨어지는 조각을 구하려고 또다시 행동에 나설 거야. 그런데 이번에는 이 퍼즐 조각을 얻었다고 하자."

액트가 가리킨 퍼즐 조각은 그저 보라색 하나로만 가득 차 있어서 어디에 맞는 조각인지 짐작이 되지 않았다. 방금 전까지 걸려 있던 그림에서 떨어져 나왔으니 그 그림을 완성하는 데 필요한 조각임을 사이드는 알 수 있었지만, 그 사실을 모른다면 누구든 조각이 그림의 일부라는 걸 알아차리기 어려울 듯했다.

"그러면 자신에게 필요한 퍼즐 조각이 아니라 생각해 아무렇게나 내버려두겠지. 그리고 줄곧 얼룩말 옆에 맞는 조각이 나오기만을 오매불망 바라며 행동하겠지만, 좀처럼 원하는 조각이 나오지 않아 결국에는 아예 행동하기를 그만두고 말거야. 조금만 생각해보면 금방 이해가 되겠지만, 꿈이 크면 클수록 원하는 퍼즐 조각을 얻을 가능성은 점점 낮아지기 마련이란다. 그러니 원하는 조각을 손에 넣으면 성공, 손에 넣지 못하면 실패라고 여기는 사람에게는 기껏 큰 꿈을 품고 행동해도 돌아오는 결과가 온통 실패뿐인 거지.

인간은 원하는 바를 이루지 못했다고 생각하면 다음 실패를 두려워하게 되어 있어. 그리고 실패를 두려워하는 마음은 인간에게서 행동을 앗아간단다. 생각대로 되지 않으면 어떡하지, 이겨내지 못하면 어떡하지, 만약 잘되지 않는다면 어떡하지, 내가 있는 힘을 다해 노력했는데도 인정받지 못하면 어떡하지……. 온갖 걱정에 사로잡혀 작은 행동 하나에도 엄청난 용기가 필요해지는 거야.

하지만 그건 잘못된 생각이야. 우리가 행동한 끝에 얻는 퍼즐 조각에는 성공도 실패도 존재하지 않아. 그저 마음속에 그린 그림을 끝내 완성하기 위해 반드시 필요한 조각이기 때문에 내 손안에 들어왔다는 사실, 그뿐이지.

그림이 마침내 완성되었을 때 자기 손안에 들어온 퍼즐 조각 하나하나가 어디에 어떻게 쓰였는지 보고서야 겨우 깨닫게 되는 거야. 아아, 그토록 힘들었던 나날이 여기에 쓰였구나, 모든 재산을 잃은 그 경험이 없었다면 이 빈칸을 메울 수 없었겠구나, 하고 말이지. 어떠니, 사이드. 내가 하고자 하는 말이 무슨 뜻인지 이해했니?"

사이드는 눈을 초롱초롱 빛내며 귀 기울이고 있었다.

"알겠어요, 할아…… 아니, 이해했습니다. 똑똑히 이해했어요."

"그래. 널 보면 잘 알겠구나. 인간은 뭔가 근사한 걸 발견했을 때 그런 얼굴이 되는 법이지. 참 좋은 표정이다, 사이드. 자, 내가 가르쳐줄 것도 이제 얼마 남지 않았으니 잘 듣거라.

진실을 알았다면 행동에 나설 차례야. 이제 알겠지? 그 행동에 따라 무엇이 되돌아올지 근심하며 겁을 낼 필요도, 뭔가를 기대할 필요도 없어. 원하는 조각을 손에 쥐었을 때는 날아갈 듯 기쁘겠지. 기대에 어긋났을 때는 괴로울 거야. 하지만 위대한 힘이 네게 꼭 필요한 조각들을 건네주고 있다는 사실을 잊어서는 안 돼.

행동한 끝에 손안에 들어온 걸 보고 매 순간 일희일비하지 말고 그저 이렇게 생각하거라. '이건 어디에 쓰는 조각일까?'라고 말이다. 그렇게 생각하지 않으면 위대한 힘은 네게 몇 번이고 같은 조각을 보낼 거야. 네가 실패라고 생각하는 그 조각을 말이다. 그러니 설령 절망의 구렁텅이에 빠진 듯 커다란 실패에 맞닥뜨려도 절대 잊어서는 안 돼. 네가 실패라고 생각하는 것 역시 네 인생의 커다란 그림을 완성하는 데 반드시 필요한 부분이기에 위대한 힘이 네게 건네준 하나의 조각이라는 사실을."

사이드는 고개를 한 번 크게 끄덕였다.

"좋다, 잘 이해한 듯하구나. 마지막으로 하나 더 꼭 해두어야 할 이야기가 있다. 위대한 힘이 해주는 건 퍼즐을 건네주는 것, 딱 거기까지라는 사실 말이다. 요컨대 퍼즐을 맞춰 한 장의 그림을 완성하는 건 오로지 자기 혼자만의 힘으로 해내야 한다는 뜻이지. 너는 그림의 파편들을 모으는 동시에 언어낸 조각들로 차근차근 퍼즐을 맞춰야만 해. 그게 바로 경험을 쌓는 거란다.

단순히 모으기만 해서는 아무리 시간이 지나도 얼마나 더 모아야 하는지, 무엇이 만들어질지조차 알지 못할 거야. 손에 넣은 조각들을 끊임없이 맞춰보고 동시에 행동하며 모아나가야 하지. 그러면 단순히 끌어모으기만 하는 사람은 실패라 단정하고 내던져버릴 아무 특징 없는 조각도 꼭 필요한 조각으로 보고 쓰임새를 빠르게 찾아낼 수 있어. 퍼즐이란 어느 정도 맞춰둘수록 힌트가 많아지니 말이다."

사이드는 퍼즐을 맞춰본 적이 있어서 액트가 하는 말을 쉽게 이해할 수 있었다. 퍼즐을 어느 정도 맞춘 뒤 새로운 조각을 손에 들면, 설령 그 조각이 아무런 특징도 없는 파편이라해도 어느 쪽에 들어가는 조각인지 왠지 모르게 감이 올 때가 있었다. 그리고 그런 직감은 대부분 빗나가지 않았다. 액트는 바로 그런 점을 이야기하는 듯했다.

"사이드. 이제 나의 가르침은 모두 끝났구나. 바로 다음 현자를 찾아가거라. 그리고 남은 여덟 명의 현자에게 퍼즐 조각을 받아 너의 비전을 똑똑히 확인하고 오면 된다. '비전'이란 네가 마땅히 그려야 할 위대한 그림이야. 꿈과는 조금 달라. 꿈은 앞으로 어떻게 되었으면 좋겠다든지, 어떤 그림을 그릴 수 있을 것 같다고 상상하는 아주 약한 단계야. 반면 비전은 틀림없이 도달하도록 정해진 장소이자, 그곳에 가기 위해 너의 인생이 존재한다는 확고한 신념을 밑바탕으로 그리는 그림이야.

완성된 모습을 알지 못한 채 조각을 하나하나 모아 맞출 때 머릿속에 막연히 떠오르는 그림, 그것이 바로 꿈이다. 하지만 비전은 훨씬 또렷하지. 완성된 그림 그 자체야. 완전한 그림을 알고 조각을 모아 맞춰나가는 것. 그게 바로 비전이 있는 사람의 인생이란다.

최고의 현자가 되기에 걸맞은 사람이라고 인정받으면, 모든 성공을 손에 넣고 모든 사람을 행복하게 만들기 위한 비전이 주어지지. 넌 그 비전을 바라보며 끊임없이 행동하고 조각을 모아 차근차근 맞추기만 하면 되는 거야. 그러면 이윽고 비전은 완성되고 모든 성공이 현실이 되겠지.

잘 알겠지, 사이드? 두 번째 현자는 대륙의 한가운데, 사람이 살 수 있는 가장 높은 지대에 살고 있단다. 지금부터 두 달 뒤, 해가 진 후 그 마을에 있는 신성한 바위 위에서 만나게 될 거다. 서두르거라, 사이드. 지금 바로 출발해야 해."

액트는 그렇게 말하며 전과 같이 사이드의 어깨를 안고 방 입구로 데려가더니 문 바깥으로 살짝 밀어냈다. 그러고는 부드럽게 미소 짓고 천천히 문을 닫았다.

사이드는 또다시 홀로 문밖에 오도카니 서 있었다. 그때 왼손에 쥐고 있던 퍼즐 조각이 푸르스름한 빛을 뿜어 손가락 틈으로 빛이 새어 나오고 있음을 알아차렸다. 사이드는 그 조각을 책 가운데에 있는 정사각형 틀 왼쪽 윗부분에 천천히 끼워보았다. 그러자 책 표지가 눈부신 빛을 내뿜어 사이드는 자기도 모르게 눈을 감았다. 동시에《현자의 서》가 부르르 떨기 시작해 사이드는 엉겁결에 책에서 손을 떼고 말았다.

다시 눈을 떠보니 바닥에 떨어진《현자의 서》가 세게 진동하며 집 안 곳곳을 휩쓸 만큼 강한 바람을 일으키다가 이윽고 가라앉았다. 천천히《현자의 서》를 주워들고 안을 들여다보니 책 속에는 자신과 첫 번째 현자가 나눈 이야기가 담겨 있었다. 그리고 마지막에는 자신이 현자의 가르침을 머릿속으로 갈무리한 내용이 그대로 적혀 있었다.

행동

✦ 인생은 하나의 커다란 퍼즐을 완성하는 것과 같다.

✦ 어떤 행동을 한 결과 우리가 손에 넣는 건 성공도 실패도 아닌 그림을 완성하는 데 없어서는 안 될 하나의 퍼즐 조각에 지나지 않는다.

✦ 그러므로 어떤 일을 할 때 커다란 보상을 기대하거나 일을 그르칠까 봐 두려워해봤자 아무런 의미도 없다.

✦ 자신에게 필요한 조각을 모으기 위해 가능한 한 부지런히 행동하고, 행동한 끝에 얻어낸 조각을 꼼꼼히 살펴 어떻게 활용하면 좋을지 깊이 생각하는 게 중요하다.

✦ 설령 손에 넣은 조각이 자신의 기대와 다르거나 자신이 견뎌낼 수 없을 만큼 힘들게 느껴지더라도 그것은 인생의 실패가 아니다. 더할 나위 없이 소중한 퍼즐 조각 하나를 손에 쥐는 귀중한 경험이다.

✦ 완성된 그림을 보면 틀림없이 깨닫게 될 것이다. 그 조각이 자신에게 반드시 필요했다는 사실을.

두 번째
현자

신성한 바위에 오르는 길은 몹시 험난했다. 몇 번이나 발을 헛디뎌 조마조마 마음 졸이며 바위 위에 오르고 나니 벌써 해가 지고 사위가 어두컴컴해진 뒤였다.

이미 그곳에는 두 번째 현자가 사이드에게 등을 돌린 채 서 있었다. 현자는 얇은 주황색 천을 옷처럼 몸에 걸치며 뒤도 돌아보지 않고 입을 열었다.

"네가 사이드구나."

"네, 맞아요. 당신이 두 번째 현자시군요."

"나는 위대한 진리를 너에게 전수하는 자. 이름은 유니버스Universe라고 한다. 사이드, 너는 위대한 힘이 이 세상의 모든 걸 만들었다는 이야기를 이미 들었겠지?"

"네. 저희 할…… 아니, 첫 번째 현자에게 들었어요."

"위대한 힘은 이 우주 전체를 창조했다. 이 지구와 우리 인간들도 모두 다. 물론 너도 그렇고 너의 인생 또한 그렇지. 그리고 그 위대한 힘은 네 안에 자신과 같은 힘, 즉 위대한 힘을 품도록 허락했다. 달리 말하면 너 역시 모든 걸 창조할 힘을 내면에 지니고 있다는 뜻이지. 그 힘을 의식하고 이해하면, 위대한 힘이 온 힘을 다해 너의 등을 밀어주고 비전을 달성하도록 도와줄 거야. 이것이 내가 가르쳐줄 모든 것이란다."

사이드는 유니버스가 무슨 이야기를 하는지 도무지 이해할 수 없었다. 하지만 온 힘을 다해 받아들이려 애썼다. 그래, 우선은 이해하려 하지 않아도 괜찮다. 있는 그대로 받아들이기만 해도 좋다. 그것이 무언가를 배우는 일이라는 사실을 사이드는 이미 알고 있었다.

유니버스는 그제야 몸을 돌려 사이드의 곁으로 다가왔다. 두 번째 현자는 사이드가 상상한 것보다 훨씬 젊었다.

"인류의 역사가 시작된 이래, 인간은 불가능해 보였던 일들을 계속해서 가능하게 만들어왔다. 한평생에 걸쳐 막강한 부와 권력을 손에 넣은 이가 있는가 하면, 사회의 가장 밑바닥에서 한 나라의 주인이라는 자리까지 오른 이도 있다. 새로운 발견과 발명은 끊이지 않고, 10년 전까지만 해도 믿을 수 없었던 일이 어느새 완전히 당연해지는 사회가 되었지. 인간이 만들어낸 것에 의해서 말이야. 요컨대 인간에게는 무한한 가능성이 있다는 이야기다. 인간에게는 불가능을 가능으로 만드는 능력이 있다는 뜻이지. 사이드, 너는 인간이 지닌 무한한 가능성을 믿을 수 있나?"

"네."

사이드는 의심할 여지 없이 올곧은 시선으로 유니버스를 바라보며 망설임 없이 대답했다.

"좋다, 사이드. 넌 정말 좋은 눈빛을 가졌구나. 그럼 이제 다음 질문을 하마. 너는 누구지?"

사이드는 조금 당황했다. 자신은 이미 사이드라고 이름을 밝혔고 유니버스도 이를 알고 있었다. 대체 뭘 묻는 질문인지 골똘히 생각하자 유니버스가 먼저 답을 꺼냈다.

"너는 사이드라는 이름을 가진 한 사람이다. 넌 인간에게 무한한 가능성이 있음을 믿는다고 말했지. 그럼 하나 묻겠다. 이와 마찬가지로 자기 자신에게도 끝없는 가능성이 있다고 믿을 수 있나?"

사이드는 순간 머릿속으로 생각했다. 그렇게 믿고 싶다. 내게도 무한한 가능성이 있다고 말이다. 하지만 솔직히 말해 자신에게 그런 가능성이 있는지 알 수 없었다. 사이드는 좀 전과 다르게 망설임 없이 대답하지 못하고 머뭇거렸다. 그러자 유니버스가 말했다.

"사이드, 너는 한 명의 인간이다. 그러니 네게도 무한한 가능성이 있지. 넌 그 사실을 믿으려 애쓰고 있을지도 모르지만, 그건 옳지 않아. 너는 그 사실을 꼭 깨달아야만 한다. 그렇게 '믿는' 게 아니라, 그렇다고 '깨닫는' 거야."

유니버스는 사이드에게 앉으라고 말하고는 자신도 바위 위에 책상다리를 하고 앉았다. 바위가 유독 높아서 그런지 신성한 바위 위에서 보이는 건 오로지 찬란히 빛나는 밤하늘뿐이었다. 사이드는 태어나서 이토록 별들이 총총히 빛나는 아름다운 하늘을 본 적이 없었다. 사이드는 유니버스의 이야기를 듣는 와중에도 내내 감동하며 밤하늘을 올려다보았다.

유니버스는 별 하나를 손가락으로 가리키며 말했다.

"지금 네가 보고 있는 저 별빛은 1,500년 전에 발한 빛이 지금에서야 겨우 이곳에 닿은 거란다."

"상상이 안 될 정도로 머네요."

"그래, 맞아. 이 우주는 한없이 넓어. 그리고 지금 이 순간에도 우주는 계속해서 넓어지고 있어."

사이드는 벅차오르는 가슴을 안고 하늘을 가득 수놓은 별들을 바라보았다. 유니버스도 사이드처럼 별을 올려다보다가 이어서 말했다.

"사이드, 우리는 우주를 창조해낸 힘을 위대한 힘이라 부른다."

"그건 신인가요?"

"실제로 많은 사람이 그것을 신이라고 부르기도 하지. 너도 네가 원하는 대로 부를 수 있지만, 나는 신앙이 아니라 사실을 이야기하고 있고 그것에 사람들이 어떤 이름을 붙였는지 설명할 뿐이야."

사이드는 너무 성급하게 질문했다고 조금 후회했다. 현자는 제대로 귀담아들으면 자신이 이해할 수 있도록 차근차근 설명해줄 터였다.

"자, 다시 한번 자세히 설명하마. 어느 날 우주가 탄생했다. 이건 사실이지. 우주가 탄생하는 데는 어떤 힘이 필요했을 거야. 따라서 이 우주를 탄생시킨 힘을 '위대한 힘'이라고 일컬었지. 그저 그뿐이다. 믿느냐 믿지 않느냐가 아니라, 명확한 사실에 이름을 붙였다는 이야기를 하는 거야. 알겠나?

그럼 이야기를 계속해보지. 무無에서 모든 걸 만들어낸 이 위대한 힘은 우주가 탄생한 이래 끊임없이 새로운 걸 만들고 있어. 지금도 여전히 계속되고 있지. 우주를 만들고, 질서를 만들고, 붙박이별과 떠돌이별 그리고 위성을 만들었어. 별을 만들고, 이 별에 사는 생물을 낳고, 우리 인간을 낳았지. 그리고 위대한 힘은 자신이 만든 것 중 유일하게 우리 인간에게만 특별한 일을 행했어. 그게 뭔지 아나? 한 사람 한 사람 안에 위대한 힘 그 자체를 심어놓은 것이다. 그래서 인간은 누구든 내면에 무한한 가능성이 존재해. 불가능을 가능으로 바꿀 수 있는 이유도 내면에 위대한 힘을 지니고 있기 때문이지. 그리고 인간이라면 누구나 지닌 이 위대한 힘을 바로 '마음'이라고 부른다.

마음이란 무와 같은 존재여서 어디에 있는지 헤아릴 수 없어. 어느 날 마음이 탄생하고, 우주와 마찬가지로 어디까지든 끝없이 무한히 펼쳐지는 거야. 사람들은 마음이 좁다거나 넓다고 말하곤 하지만, 사람의 마음에 크기 따위는 없어. 오직 마음이라 불리는 실체 없는, 눈에 보이지 않는 무의 세계가 있을 뿐이지.

그러나 눈에 보이지 않는다고 해서 존재하지 않는 건 아니야. 너의 마음은 존재하지. 우주 공간처럼 무와 다름없지만 분명히 존재해. 따라서 마음이라는 무의 세계 역시 분명히 존재한다는 뜻이다.

더불어 위대한 힘이 무에서 모든 걸 창조했듯이 우리 각자에게 주어진 위대한 힘, 즉 마음도 무에서 다양한 걸 만들어낼 수 있다. 지금 우리가 살아가는 환경을 들여다보면 잘 알수 있지. 우리의 삶은 인간의 마음에서 비롯된 것들로 가득해. 뭔가가 있었으면 좋겠다는 마음이 원점이 되어 어제까지는 존재하지 않았던 무언가가 세상에 나타나지. 그런 과정이 끊임없이 반복된 끝에 지금의 세상이 만들어진 셈이야.

우리가 자연이라 부르는 모든 건 우주를 낳은 위대한 힘에 의해 탄생했지만, 그 밖의 모든 건 우리 인간에게 주어진 마음이라는 위대한 힘으로 만들었어.

성질이 같은 존재들은 공명하고 동화하기 마련이다. 우주와 삼라만상을 창조한 위대한 힘은 무에서 모든 걸 만들어낼 무한한 가능성을 지녔어. 그리고 우리 안에 존재하는 위대한 힘인 마음 역시 이 세상에 온갖 존재들을 창조해냈어. 그리고 사람들은 앞으로도 무궁무진한 가능성을 가지고 계속해서 이 세상에 새로운 무언가를 만들어낼 거야.

이런 유사점은 결코 우연이 아니야. 위대한 힘이 창조한 것 가운데 인간에게만 자신과 같은 힘을 부여한 건, 다름 아닌 위대한 힘 자신이니까. 위대한 힘이 스스로 그렇게 정한 것이지. 내가 하는 말이 좀 어려울지도 모르지만, 몇 번이고 반복해서 머릿속으로 생각해보렴. 분명 무슨 뜻인지 알 수 있을 거야."

"저한테는 유니버스 씨의 이야기가 너무 어려운 것 같아요. 하지만 이야기를 듣다 보니 어쩌면 내 마음은 하나의 작은 우주가 아닐까 상상하게 됐어요."

"오늘은 그걸로도 충분해. 다만 '작은'은 없어도 되겠구나. 너의 마음은 무한히 펼쳐지는 커다란 우주니까. 그렇게 생각해보면 어떻겠니?"

유니버스는 자리에서 일어나 밤하늘을 올려다보며 말했다.

"사람들은 밤하늘의 별을 올려다볼 때면 광활한 우주에 비해 지구라는 별은 얼마나 자그마한지, 자신이라는 존재는 얼마나 보잘것없는지 생각하곤 하지. 하지만 우주를 만든 위대한 힘은 그 보잘것없는 인간에게 무한히 펼쳐지는 마음을 심어주고 자신과 같은 위대한 힘을 부여했어. 그러니 우주를 볼 때마다 자신의 마음이 얼마나 크고 근사한지 마땅히 실감해야 해."

유니버스는 다시 사이드 곁으로 다가와 자리에 앉아 있는 사이드와 눈높이가 맞도록 쪼그려 앉고서 단단히 쥔 오른손을 내밀었다. 손가락 사이에서 푸르스름한 빛이 새어 나왔다. 틀림없이 두 번째 퍼즐 조각을 쥐고 있는 듯했다. 유니버스는 그 자세 그대로 말을 이었다.

"내가 너에게 알려준 건 우주를 창조한 위대한 힘이 인간을 낳고 각자에게 자신과 같은 커다란 힘, 즉 마음을 심어주었다는 한 가지 사실이자 인간에게 무한한 가능성이 존재하는 이유야. 그리고 한 가지 더. 우주를 창조한 위대한 힘처럼 우리가 가진 힘인 마음도 이 세상에 새로운 걸 만들어낼 능력이 있다는 사실이다."

그렇게 말하며 유니버스는 천천히 손바닥을 펼치고 왼손으로 사이드의 오른손을 잡아 퍼즐 조각을 건네주었다. 사이드는 푸르스름하게 빛나는 두 번째 조각을 바라보았다.

"사이드, 명심하렴. 넌 스스로에게 무궁무진한 가능성이 있음을 반드시 알아야 해. 그 무한한 가능성의 원천인 마음이 새로운 무언가를 만들어내려 할 때, 너의 내면에 있는 위대한 힘이 온 힘을 다해 바람을 현실로 만들기 위해 움직일 것이다. 그게 전부가 아니야. 우주를 만들어낸 위대한 힘 역시 그에 답하듯이 네 목표를 위해 모든 힘을 쏟아 움직인다는 걸 또렷이 느낄 수 있을 거야. 바로 그 순간, 네 마음과 위대한 힘이 서로 이어져 있음을 확신하게 되겠지. 우주를 창조한 위대한 힘이 어떻게 힘을 보태주는지는 이미 알고 있겠지?"

"행동할 때마다 저의 비전을 완성하는 데 필요한 퍼즐 조각을 한 조각도 빠짐없이 건네줄 거라는 뜻이죠?"

"그래, 맞아. 경험이라는 이름의 퍼즐 조각이지. 꼭 필요한 시기에 필요한 사람과 운명처럼 만난다든지, 어떤 우연으로 자신에게 필요한 멋진 무언가를 발견한다든지 하는 경험 말이다. 물론 반갑지 않은 일이라도 네게 꼭 필요한 경험이라면 위대한 힘이 반드시 건네주겠지.

성공을 거둔 사람들은 모두 이런 신비한 우연을 만났어. 하지만 몇 안 되는 성공한 사람에게만 찾아오는 일은 아니야. 모든 사람에게 동일하게 찾아오지. 물론 네게도 말이다. 자, 이제 충분한 것 같구나. 이제 내가 해준 이야기를 네 나름대로 분명히 이해할 때까지 몇 번이고 머릿속으로 되뇌면 된단다. 애써서 알려고 하지 않아도 돼. 모든 걸 받아들이려 마음먹으면 자연히 알게 되기 마련이니."

"네, 알겠어요. 한번 해볼게요."

사이드는 씩씩하게 대답했다.

"너라면 괜찮을 거다. 내가 한 이야기를 나보다 더 깊이 이해할 수 있겠지."

두 사람은 잠시 동안 아름다운 밤하늘을 말없이 바라보았다. 사이드는 더없이 황홀한 밤하늘을 올려다보며 여행에 나서길 정말 잘했다고 마음 깊이 생각했다. 한편으로는 우주란 정말 신비롭다고, 마찬가지로 인간의 마음 또한 참으로 신비하다고 생각했다.

가능성

✦ 인간에게는 무한한 가능성이 있다.

✦ 우주의 모든 존재를 창조한 위대한 힘은 인간을 만들었고, 모든 창조물 가운데 오로지 인간에게만 자신과 같은 커다란 힘을 심어주었다.

✦ 그것이 바로 '마음'이다.

✦ 이러한 진실을 깨닫고 자기 자신에게 새로운 걸 창조할 무궁무진한 가능성이 있음을 믿으며 행동한다면, 자신의 마음뿐 아니라 위대한 힘 또한 다양한 방식으로 힘을 빌려준다. 우연한 만남이나 뜻밖의 발견처럼 자신에게 꼭 필요한 퍼즐 조각을 건네는 방식으로 말이다.

✦ 그리하여 인간은 지금껏 불가능하다고 여겼던 일들을 끊임없이 현실로 만들어왔다.

✦ 나 또한 그러한 인간 중 한 명이므로 내게도 불가능해 보이는 비전을 실현할 무한한 가능성이 있다고 온전히 자각해야 한다. 그것이 곧 인생의 성공으로 이어진다.

Book of the Wise

세 번째
현자

유니버스와의 만남 이후 서른여섯 번째 맞는 밤이었다. 그동안 사이드는 유니버스의 이야기를 다시금 떠올리며 수도 없이 머릿속에 되새겼다.

두 번째 현자가 해준 말은 사이드에게 제법 어려운 이야기였다. 그토록 어려웠기에 오늘 두 번째 현자가 한 말들이 문득 자기 안에서 하나의 이야기로 이어지는 느낌을 받았을 때 더할 나위 없이 큰 기쁨을 느꼈다. 너무 감동한 나머지 오스스 소름마저 돋았다.

사이드는 별을 올려다보며 좀처럼 잠을 이루지 못했다. 아무리 어려운 내용이라도 몇 번이고 받아들이려 노력하다 보면 자신의 내면에서 서서히 의미를 깨치게 된다는 놀라운 사실을 몸소 경험한 셈이었다.

드디어 두 번째 퍼즐 조각을《현자의 서》에 끼울 수 있다고 생각하니 사이드는 기분이 몇 배는 더 좋아졌다. 자미스는 책에 퍼즐 조각을 끼우면 사이드의 생각이 그대로 글로 나타날 거라고 말했다. 그래서 유니버스가 해준 이야기를 명확하게 이해할 때까지는 조각을 그대로 가지고 있는 편이 좋겠다고 판단했고, 마침내 그날이 올 때까지 조각을 끼우지 않았던 것이다.

사이드는 유니버스에게 받은 조각을 주머니에서 꺼낸 다음 이미 틀 왼쪽 위에 끼워놓은 조각 바로 오른쪽에 천천히 맞춰 넣었다. 조각이 정확히 맞아떨어지며 눈부시도록 강한 빛과 거센 바람이 일어났다.《현자의 서》는 사이드의 무릎 위에서 부르르 떨었다. 그 순간을 손꼽아 기다렸던 사이드는 못 박힌 듯《현자의 서》를 바라보고 있었다. 그 때문에 앞쪽 숲에 말을 탄 한 남자가 있다는 사실을 사이드는 뒤늦게 알아차렸다.

'큰일이야. 다 봤을지도 몰라.'

그런 걱정에 사이드는 허둥지둥 양손으로《현자의 서》를 가슴에 끌어안고 어두침침한 어둠 속을 꼼짝 않고 노려보았다.

어둑어둑한 나무숲에서 말이 한 발 한 발 걸어 나왔다. 이윽고 사이드가 피운 모닥불의 불빛이 벌겋게 비치는 곳까지 말이 다가왔다. 말은 놀랄 만큼 덩치가 컸고 기사처럼 생긴 한 남자가 말 위에서 미소 띤 얼굴로 사이드를 보고 있었다.

"《현자의 서》를 가지고 있는 걸 보니 네가 사이드로구나. 나는 네가 만나야 할 세 번째 현자, 리스펙트Respect라고 한다."

사이드는 그 말을 듣고서야 비로소 경계를 누그러뜨리고 안도하는 표정을 지었다.

"하하하, 보아하니 그 책의 비밀에 대해 이야기를 듣지 못한 모양이구나. 그 책에 나타나는 현상이나 글씨들은 책을 훔치려는 사람이라든지 네 여행을 방해하려는 자에게는 아무것도 보이지 않는단다. 그걸 볼 수 있는 사람은 오직 네가 끝까지 여행을 마칠 수 있기를 진심으로 응원하는 사람뿐이야."

"정말요? 저는 그것도 모르고 그동안 가능한 한 사람들 눈에 띄지 않으려고 안절부절못했어요."

"뭐, 조심해서 나쁠 건 없지. 기회가 되면 다른 사람에게 보여주고 시험해보는 것도 좋겠구나. 자, 그럼 이리로 오렴."

리스펙트는 그렇게 말하고는 말 위에서 손을 내밀었다. 사이드는 서둘러 모닥불을 끄고 리스펙트의 옆으로 다가갔다. 그는 사이드의 손을 잡아 말 위로 끌어올린 뒤 자기 앞에 앉혔다. 사이드는 지금껏 말을 타본 적이 없어 심장이 두근거렸다. 리스펙트는 곧장 말을 몰았다.

숲속 나무 사이를 바람처럼 빠져나가는 엄청난 속도감에 사이드는 금세 마음을 빼앗겼다. 주변 풍경은 마치 벽처럼 사이드에게 바짝 다가왔다가 부딪힐 듯 아슬아슬한 곳에서 양옆으로 갈라지며 뒤로 흘러가기를 반복했다. 사이드의 눈에는 끊임없이 위아래로 움직이는 말 머리가 마치 손도끼처럼 벽을 좌우로 가르는 듯 보였다. 그리고 말 위에서 가장 강렬하게 느껴지는 건 말의 호흡과 심장 소리 같은 생명의 숨결이었다.

'어쩜 이렇게 멋질까.'

절로 그런 생각이 들었다.

두 사람을 태운 말은 눈 깜짝할 사이에 숲을 가로질러 살짝 트인 높다란 언덕 위에 올랐다. 언덕에서는 산골짜기에 있는 마을이 한눈에 내려다보였고, 그보다 안쪽으로 산과 산의 간격이 가장 좁아지는 곳에는 멋들어진 성이 솟아 있었다. 집집마다 불이 켜져 있고 저녁때가 되어서인지 식사를 준비하는 듯 연기가 피어오르는 집도 적지 않았다.

리스펙트는 말에서 내려 사이드를 내려준 뒤 나무에 말을 묶은 다음 머리를 쓰다듬으며 뭐라고 말을 걸더니 다시 사이드가 있는 쪽으로 돌아와 잔디 위에 앉았다.

"사람은 한 사람 한 사람이 모두 유일무이한 존재란다."

기사처럼 차려입은 남자, 세 번째 현자 리스펙트는 운도 떼지 않고 갑자기 이야기를 시작했다. 사이드는 산골짜기 마을로 향했던 시선을 그에게 돌렸다.

"너 또한 자기 자신이 이 세상 무엇과도 바꿀 수 없는 유일하고 훌륭한 존재라는 사실을 깨달아야만 해. 내가 네게 전해줄 가르침은 최고의 현자가 되려면 반드시 필요한 것, 즉 '자존감'이란다."

사이드는 말없이 고개를 끄덕였다.

"이 세상에 존재하는 모든 건 희소하면 할수록 가치가 높아. 세상에 단 하나밖에 없는 물건은 놀랄 만큼 귀한 대접을 받고 어마어마하게 높은 가격이 붙지. 인간이 만들어낸 물건조차 그런데, 하물며 인간은 어떨까. 이 세상이 탄생한 뒤부터 지금까지 그리고 앞으로도 결코 같은 사람은 있을 수 없으니 인간에게 얼마나 커다란 가치가 있는지는 헤아릴 수도 없어.

네가 이 세상에 태어난 것조차 사실은 기적 같은 일이란다. 수억 명의 가능성 가운데 단 한 명만이 탄생한 거야. 다시 말해 위대한 힘이 수억 개의 가능성 중 단 하나에게만 '마음'

이라는 자신과 동일한 힘을 건네준 거지. 그게 바로 너란다. 그렇게 생각하면 자신이 얼마나 귀한 존재인지 실감할 수 있겠지."

사이드는 또다시 말 없이 고개를 끄덕였다.

"현자는 늘 높은 자존감을 유지해야만 해. 항상 자기 자신이 둘도 없이 소중한 존재라는 사실을 자각해야 한다는 뜻이지. 인간은 말이야, 누구나 스스로를 귀중한 존재라고 인정하고 싶어 해. 하지만 태어나 경험하는 수많은 실수와 실패 때문에 자신감과 용기를 잃고 자기 자신을 가치 없는 인간으로 여기게 돼버려.

하지만 그래서는 안 돼. 사람의 인생에 실패 따위는 존재하지 않는다는 건 이미 배웠겠지? 어떤 일이 있든 너의 유일무이함은 사라지지 않아. 현자란 그런 사실을 알고 늘 높은 자존감을 지키는 사람이란다. 그리고 그 결과 이 세상 모두에게 소중한 존재라고 인정받게 될 때, 모든 성공이 손에 들어오지."

리스펙트는 품속에서 퍼즐 조각을 꺼내 들고 사이드에게 다가오더니 조각을 내밀었다. 사이드는 리스펙트의 손바닥 위에서 푸르른 빛을 뿜는 퍼즐 조각에는 눈길도 주지 않고 가만히 세 번째 현자의 눈을 들여다보았다.

"왜 그러니, 사이드? 받지 않을 거니?"

둘은 잠시 그대로 서로의 눈을 들여다보았고, 이내 리스펙트는 미소 지으며 퍼즐 조각을 다시 손에 쥐고 품속으로 집어넣었다.

"아마 제게 이해할 능력이 없어서겠지만, 지금 들은 이야기만으로는 최고의 현자가 되는 데 필요한 자존감을 터득하지 못한 것 같아요. 좀 더 이야기해주실 수 있을까요?"

리스펙트는 흡족한 표정으로 고개를 끄덕이고는 물었다.

"사이드, 너는 머리가 참 좋구나. 내가 방금 한 이야기에는 일부러 말하지 않은 한 가지 중요한 사실이 숨어 있어. 아마 네 감이 그걸 감지한 듯하구나. 또렷하게 자각하지는 못했을지도 모르지만."

리스펙트는 그렇게 말하더니 원래 있던 자리로 돌아가 다시 잔디 위에 앉았다.

"내가 하는 이야기에서 가장 중요한 부분은 이제부터란다. 귀 기울여 들으렴. 현자에 걸맞은 사람은 하나같이 자존감 이외에도 가지고 있는 게 하나 더 있단다. 바로 '타존감'이지."

"타존감……이요?"

"그래. 내 마음대로 붙인 이름이야. 그러니 낯설게 느껴질 만도 해. 너는 이 세상에서 둘도 없이 귀한 존재라고 한 말, 기억하지?"

"네."

"하지만 '너만' 그렇다고는 말하지 않았지. 그런데 어리석은 사람들은 이 말을 오직 '나만' 귀하다는 뜻으로 착각하고 자존감을 높이려고 열을 올려. 그러다 끝내 고립되어 다른 사람들과 힘을 합치지 못하고 남들이 멀리하는 존재가 돼. 누구든 그래. 자기 자신만이 유일무이한 존재라고 으스대는 사람을 기꺼이 따르는 사람은 없으니까.

하지만 여기서 중요한 점이 있어. 모든 성공을 손에 넣기 위해서는 언제나 높은 자존감을 가져야 한다는 점이야. 언뜻 보면 모순되어 보이는 이 두 가지 지점을 생각할 때 바로 '타존감'이 꼭 필요해지지.

타존감이란 사실 그리 어려운 게 아니야. 너 자신이 이 세상에 둘도 없는 존재임과 동시에, 세상 모든 사람이 소중하고 기적에 가까운 존재이며 위대한 힘을 나누어 받은 특별한 존재임을 잊지 말아야 한다는 뜻이야. 네 주변에 있는 모든 사람을 존중하고 존경하는 마음, 그게 바로 타존감이란다. 그걸 점점 더 높이는 것이지.

그리고 자존감은 타존감과 같은 높이까지만 높일 수 있다는 점을 이해해주었으면 좋겠구나. 자존감을 높인다는 건 결국 이런 이야기야. 스스로를 타인보다 가치 없는 존재라고 비하해서는 안 돼. 스스로를 타인보다 뛰어난 존재라 자신하며 오만해져서도 안 되고. 자존감과 타존감은 늘 높이가 같아야만 해.

자존감을 높인다는 건 자신 외의 모든 사람에 대한 존중, 즉 타존감을 높인다는 뜻과 같아. 결코 '일부'가 아니야, '모든 사람'에 대한 이야기지."

그렇게 말한 뒤 리스펙트는 다시 한번 사이드의 곁으로 다가왔다. 손에는 퍼즐 조각을 들고 있었다.

"자, 자존감은 타존감과 늘 높이가 같아야 한다는 사실을 머릿속에 집어넣은 다음 내가 앞서 한 이야기를 떠올려보렴. 다시 한번 말해주마. 현자는 높은 자존감을 지녀야 해. 언제나 자기 자신이 매우 귀중하고 유일무이한 존재임을 자각해야 하지. 어떤 일이 있든 스스로가 귀한 존재라는 사실은 사라지지 않아. 현자란 그 사실을 알고 늘 높은 자존감을 지켜내는 사람을 가리킨단다. 그 결과 세상 모든 사람이 그를 둘도 없이 귀한 사람이라고 인정하게 되는 순간, 모든 성공이 손에 들어오지."

리스펙트는 손을 펼쳤다.

"어떠니, 사이드. 이번에는 받을 마음이 드니?"

리스펙트는 미소 지으며 말하고는 작지만 굳게 고개를 끄덕인 사이드의 손바닥 위에 퍼즐 조각을 툭 떨어뜨렸다. 리스펙트는 산골짜기 마을을 바라보며 말을 이었다.

"나는 내가 사는 이 마을이 참 좋아. 난 주민 모두를 자랑스럽게 여기고 한 사람 한 사람을 존경하고 그들도 역시 나를 귀중한 존재라고 생각해줘."

"이 마을에서 무슨 일을 하세요?"

"나는 저기 사는 사람이야."

리스펙트는 산과 산 사이가 가장 좁아지는 곳에 높이 솟은 성을 가리켰다.

"아…… 이 나라의 왕이시군요."

무릎을 안고 있던 사이드는 당황하며 정중하게 무릎을 꿇고 앉아 말했다.

"그렇게 예의 차릴 필요는 없어. 난 이곳에 사는 사람들 그리고 많은 세상 사람의 힘을 얻어 군림하고 있을 뿐이니까. 그들의 도움이 없었다면 저렇게 근사한 성에 살지도, 아니 오늘 하루조차 제대로 살아가지 못했을 거야. 난 그들을 진심으로 존경하고 모든 사람이 정말로 귀중한 존재라고 생각한단다. 그렇기에 그들 중 하나인 나 자신도 칭찬할 수 있는 것이지.

사이드, 너도 자존감을 더욱더 높여야 한단다. 자신은 유일무이한 존재이며 귀하고 멋진 존재라는 사실을 더욱 강하게 자각해야 해. 물론 거기서 끝난다면 주위 모든 사람이 미워하고 멀리하면서 혼자가 되어 작은 성공조차 이루지 못하겠지. 현자 역시 되지 못할 거야.

하지만 타존감만 함께 갖춘다면 모든 게 가능해져. 타존감을 드높이면 넌 주위의 모든 사람에게 사랑받고 존중받으며 소중한 친구처럼 중요한 존재가 되겠지. 네가 얼마나 귀한 사람인지 인정받고 그들이 지닌 모든 위대한 힘, 즉 '마음'에 힘입어 모든 성공을 손에 넣을 수 있단다. 그리고 진정한 현자가 되어 다른 사람 안에 있는 위대한 힘까지 해방시켜 그 사람에게 커다란 성공을 가져다줄 수 있어."

리스펙트는 조금 더 부드럽게 말했다.

"이 세상을 사는 인간 가운데 혼자서 존재할 수 있는 이는 단 한 명도 없어. 내가 아는 사람, 모르는 사람, 같은 나라 사람부터 다른 나라 사람까지 온갖 사람들의 힘과 도움이 있어야 비로소 하루를 살아갈 수 있지. 두 번째 현자에게 배웠지? 우리 주변은 자연 빼고는 모두 인간이 만들어낸 것들로 가득 차 있다는 사실을. 그것도 내가 아닌 다른 사람들이 만든 물건들로 말이야.

저 성에서 생활하다 보면 절실히 느끼게 돼. 기둥 하나부터 시작해 가구와 카펫, 옷, 그림, 조각, 매일의 식사, 포도주, 내가 취미로 읽는 책 그리고 저 성까지 전부 다 그렇지. 내 생활 속에서 내가 직접 만들어낸 건 하나도 없어. 나를 둘러싼 모든 건 자연의 은혜이거나 내가 아닌 다른 사람, 즉 옛날부터 지금까지 전 세계에 살아온 수많은 사람의 노력으로 만들어진 은혜 덕이라는 뜻이야. 그 덕에 오늘 하루도 행복하게 살아갈 수 있는 거야.

그런 세상을 살면서도 자존감만 내세우고 자신만이 대단한 존재라고, 가치 있는 사람이라고 말하면 우리를 둘러싼 은혜는 등을 돌려버리겠지. 모든 성공을 손에 넣은 과거의 현자들은 모두 이 점을 알고 있었어. 그래서 이렇게 생각했지.

'나의 삶은 모두 내가 아닌 타인이 만든 것들로 가득하다. 그 덕에 오늘 하루도 행복하게 살아갈 수 있다. 그러므로 그들 모두는 내게 둘도 없이 소중하며 존중받아 마땅한 존재이다. 그리고 나 또한 같은 인간이므로 온 세계의 사람들에게 귀중한 존재가 될 수 있다. 언젠가는 내가 위대한 힘과 노력으로 만들어낸 무언가가 온 세상 사람들의 삶 속에 없어서는 안 될 존재가 될지도 모른다. 지금 내 삶이 다른 사람들이 만든 것들로 가득한 것처럼. 그리하여 내 바람이 현실이 되었을 때 나는 세상 모든 사람에게 없어서는 안 될 존재로 인정받을 수 있을 것이다. 동시에 부와 명성도 손에 쥘 수 있을지도 모른다. 다만 그것은 목표를 이룬 결과 얻게 될 부산물에 지나지 않는다.'

사이드, 이 세상의 모든 성공은 타존감을 드높이고 자존감 또한 타존감과 같은 높이까지 끌어 올린 끝에 이루어낸 것이란다. 알겠니?"

"네."

높다란 언덕 위에 서서 자신이 머무는 성과 주민들이 사는 마을을 내려다보는 왕의 커다란 등을 사이드는 존경 어린 눈길로 바라보았다. 분명 이 나라의 국민들은 왕을 존경하고 왕은 국민 한 사람 한 사람을 존경하며, 각자가 만든 걸 서로 주고받으며 행복하게 살고 있을 거라고 생각하면서. 마을의 집집마다 새어 나오는 불빛이 이루 말할 수 없이 따스하게 느껴졌다.

자존감

✦ 자신의 인생을 눈부시게 멋진 삶으로 만들고 싶다면, 자존감을 최대한으로 끌어올려야 한다.

✦ 자신이 더없이 귀중한 존재이며 무한한 가능성을 지닌 유일무이한 존재라고 스스로 끊임없이 되뇌어야 한다.

✦ 다만 한 가지 조건이 있다. 타존감 또한 자존감과 동일한 높이까지 드높여야 한다는 점이다.

✦ 이 세상의 모든 사람은 한 명 한 명이 위대한 힘을 내면에 간직한 존재, 무궁무진한 가능성을 지닌 귀한 존재다. 그 점을 알고 모든 사람을 존중하는 게 바로 타존감이다.

✦ 자존감과 타존감은 두 가지의 높이가 동일한 이상 아무리 높아져도 해가 되지 않는다. 오히려 높아질수록 성공에 점점 더 가까워진다.

✦ 진정한 성공을 손에 쥐는 사람은 그런 사실을 가장 잘 이해하는 사람이라 할 수 있다.

Book of the Wise

네 번째
현자

사이드는 마침내 세 번째 현자 리스펙트가 알려준 나라에 도착했다. 그곳은 아득히 먼 나라였다. 대륙의 서쪽 끝에서 반대편인 동쪽 끝까지 와서 바다를 건넌 곳에 있는 섬나라였다.

이 나라는 지금까지 여행한 나라들과 전혀 다른, 신기한 분위기가 감돌았다. 좁은 섬나라에서 인산인해를 이루듯 터무니없이 많은 사람이 사는 데다 모두 한시도 쉬지 않고 바삐 움직였다. 왠지 자신도 느긋하게 여행이나 할 때가 아닐지도 모른다는 생각이 들 정도였다. 사이드는 되도록 주변의 떠들썩한 소음에 눈길을 주지 않으려 애쓰며 네 번째 현자가 있는 곳으로 서둘러 발걸음을 옮겼다.

네 번째 현자의 집은 외딴 대나무 숲 안에 있었다. 대나무 숲이 뚝 끊긴 곳에 멋지게 다듬은 산울타리가 벽을 이루며 하나의 터를 만들고 있었다. 산울타리를 따라 걸으며 입구를 찾는데, 울타리 사이로 이 나라 특유의 방식으로 만든 집과 정원이 들여다보였다.

그때 정원 한가운데에서 한 남자가 목검을 들고 가만히 멈춘 자세를 취하고 있는 모습이 보였다. 사이드는 자기도 모르게 멈춰 서서 산울타리 사이로 그 모습을 지켜보았다.

남자는 목검을 든 채 가만히 눈을 감고 있었다. 언뜻 보면 아무것도 하지 않는 듯 보였지만, 그렇지 않다는 사실을 사이드는 도중에 깨달았다. 시원한 계절에 접어들었음에도 불구하고 남자의 이마에서는 땀이 흘렀고 때때로 목검을 쥔 손과 다리의 근육이 움찔움찔 움직이는 광경이 보였기 때문이다.

그 남자는 이윽고 콱 하고 온몸에 힘을 주었다가 숨을 후 크게 내뱉고는 눈을 떴다. 그리고는 몸을 빙글 돌려 집을 향해 서더니 이렇게 한마디 하고 걸음을 옮겼다.

"들어오게."

사이드는 화들짝 놀라 주변을 두리번두리번 돌아보았지만, 자기 외에 다른 사람은 없는 듯했다. 자신에게 한 말임을 깨닫고 사이드는 서둘러 산울타리가 끝나는 입구까지 달려

가서 남자의 뒤를 따라갔다.

"저는 사이드라고 합니다."

사이드가 숨을 헐떡이며 자기소개를 했다.

"먼 길 찾아오느라 고생했겠군. 잘 왔네, 사이드. 자, 여기 앉게. 차를 내오지."

남자는 그렇게 말하며 사이드를 건물 밖에 달린 복도('툇마루'라고 부른다는 사실을 나중에 알았다)에 앉히고는 안으로 들어가 작은 쟁반을 들고 다시 나타났다. 쟁반 위에는 녹차와 다과 그리고 퍼즐 조각이 놓여 있었고 남자는 그것을 쟁반째로 사이드에게 내밀었다.

"당신이 네 번째 현자이시죠?"

"그 호칭은 그리 좋아하지 않아. 내 이름은······."

길고 낯선 발음이 이어져 사이드는 이름을 미처 외울 수 없었다. 다시 물어볼 타이밍도 놓쳐서 당황했다는 걸 눈치챘는지 현자는 잔잔히 미소 지었다.

"내가 누구인지는 자네에게 그리 중요하지 않아. 중요한 건 자네가 내게서 무얼 배우느냐니까. 그럼 바로 이야기를 시작하겠네."

현자는 그렇게 말하고 자신도 툇마루에 앉았다.

사이드는 조금 겸연쩍은 미소를 지으며 모자를 벗었다.

"자네는 아직 어리지. 앞으로 자신의 인생을 만들어나가게 될 거야. 자네는 미래에 어떻게 되고 싶은가?"

"저는 현자가 되고 싶어요. 최고의 현자요."

"그건 '뭐가 되고 싶으냐'에 대한 답이지 '어떻게 되고 싶으냐'라는 질문에 맞는 답은 아니야. 게다가 안타깝지만 현자란 '되는' 게 아니라네. 스스로 깨달아서 되는 게 아니라 예기치 않게 사람들에게 그렇게 '불리는' 것이지. 많은 사람이 그렇게 부르기에 현자라 인정받는 것, 그뿐이야.

나는 자네가 최고의 현자가 되기를 진심으로 기대하고 있지만, 정말 그 순간이 찾아온다 해도 그건 스스로 현자가 되었다 자각해서가 아니라네. 그저 자네를 현자라 여기는 사람이 있기 때문이지. 요컨대 그런 날이 오더라도 사실은 자네가 최고의 현자가 된 게 아니라 자네를 최고의 현자라 생각하는 사람이 생겼다는 뜻이야.

알겠나? 자네가 현자가 되든 그렇지 않든 삶을 살아가는 방향성, 목표가 필요하다는 점은 변함이 없어. 그건 현자라 불리는 사람이라 해도 예외가 아니지. 그러니 다시 한번 묻겠네. 장래에 어떻게 되고 싶은가?"

사이드는 묵묵히 잠시 고민했지만, 아무것도 생각나지 않아서 솔직하게 대답했다.

"그것 말고는 생각해보지 않았어요."

"그래. 아직 정해지지 않았다고 해서 나쁜 건 아니라네. 앞으로 정하면 되니까. 내가 자네에게 전할 가르침은 그걸 정하는 데 큰 도움이 될 거야. 알겠나?"

사이드는 말없이 고개를 끄덕였다.

"좋아, 그럼 시작해볼까? 이 나라에 사는 사람들은 예로부터 아주 열심히, 부지런히 일을 했다네. 그 결과 지금은 전 세계에서도 선두를 다툴 정도로 경제와 과학 기술이 발달한 나라가 되었지. 그런데 처음부터 그랬느냐 하면 그렇지는 않아. 오래전에는 그렇지 않았네. 오히려 반대였지.

세계 여러 나라들이 이웃 나라와 경쟁하며 스스로를 갈고 닦은 시대에 쇄국 정책으로 폐쇄적인 환경을 만든 탓에 다른 나라들에 비해 여러 부분에서 뒤처지고 말았지. 그래서 당시에는 과학 기술이나 문화에 관해서는 다른 나라들에게 무시를 당했다네.

그런 시대도 있었지. 하지만 그런 시대에도 지금보다 훨씬 더 뛰어난 부분이 있었어. 아니, 지금 이 나라뿐 아니라 당시세계에서도 유례가 없을 만큼 뛰어났지. 그게 뭔지 아나? 마음 그리고 정신력이야. 다른 나라들이 깜짝 놀라 경의를 표할 정도로 강인한 정신을 가지고 산 시대가 있었다는 이야기지. 이 정신은 사회 구조가 낳은 전투 집단 안에서 만들어졌고 그 사회 구조가 붕괴되면서 함께 사라져버렸어. 이 나라에서는 그걸 '무사도 정신'이라 부른다네.

당시는 지금과 달리 신분이 구별되는 사회였어. 무사란 그런 사회에서도 가장 꼭대기에 위치하는 계급이었지. 그들은 태어나면서부터 무사였다네. 무사로 태어났다면 평생 무사로 살았어. 다른 계급으로 태어나 무사가 되는 건 불가능했어. 지금 말로 바꿔 말하자면 직업을 선택할 자유가 없었던 셈이지. 그러면 그들은 살면서 어떤 것에 관심을 가졌을까? 상상이 가나?"

사이드는 곰곰이 생각해봤지만 아무것도 떠오르지 않았다. 네 번째 현자는 계속 말을 이어갔다.

"현대를 사는 우리는 상상하기 어렵겠지만, 태어날 때부터 죽을 때까지 무사로 살아가기로 정해져 있는 세상에서 그들은 오직 한 가지에만 관심을 가질 수 있었어. 그건 바로 '어떤 무사가 될 것인가'이고, 그 결과 만들어진 게 바로 '무사도'이지.

어머니도 아버지도 모두 아이가 태어난 순간부터 훌륭한 무사가 되도록 아이를 교육했어. 가르침을 받는 아이도 철이 들 무렵부터 어떤 무사가 되어야 할지에만 관심을 가졌지.

자신이 꿈에 그리는 이상적인 무사가 되기 위해 끊임없이 단련하고 노력을 기울였어. 그 결과 자신의 죽음을 두려워하지 않고 명예를 위해서라면 스스로의 배를 가를 수 있을 만큼 강한 정신력을 길러냈다네."

"자기 배를 스스로 갈라요?"

"오래전 이 나라 사람들은 배에 마음이 담겨 있다고 생각했어. 그래서 이 나라 말로는 부글부글 화가 나는 걸 '속이 끓는다'라고 말하기도 하고 솔직하게 대화하는 걸 '속을 터놓고 이야기하다', 뭔가 나쁜 꿍꿍이가 있는 사람을 '속이 검다'라고 표현하기도 하지. 배에 마음이 담겨 있다는 생각이 이런 말을 만들어낸 게 아닌가 싶네.

내가 한 행동 때문에 다른 사람이 피해를 보거나 예상치 못한 결과가 나버리면 자신이 꾸미지 않은, 전혀 뜻하지 않은 결과인 걸 증명해 보이기 위해 스스로 배를 갈라서 '내 속에 나쁜 꿍꿍이는 없다'라는 뜻을 보여주었지. 그런 행동이 참다운 무사의 모습이라고 믿었던 거야."

사이드는 너무나 상식을 벗어난 내용에 할 말을 잃어버렸다.

"사이드, 착각해서는 안 돼. 나는 신분 사회가 옳다고 인정하는 것도, 과거 이 나라의 관습을 미화하려는 것도, 명예를 위해 자신의 배를 가르는 행동에 동의하는 것도 아니라네. 그렇다고 해서 당시의 정신이 아무런 도움도 되지 않았고 전부 나쁘기만 하다는 이야기도 아니야.

여기서 참고해야 할 건 이 나라의 옛사람들은 앞으로 '무엇이 될지' 생각하지 않았다는 거야. 아니, 정확히 말하면 생각조차 허락되지 않았던 것이지만, 지금 중요한 부분은 그게 아니야. 그들은 무엇이 될지 생각하는 게 아니라 '어떤 인간이 될지'만 생각하며 살았다는 이야기라네. 그 결과 놀라운 의지를 탄생시켰다는 사실이 중요하지.

지금은 분명 멋진 세상이 되었어. 어떤 가정에서 태어나든 상관없이 무엇이든 될 수 있지. 그런 기회가 넘쳐나. 하지만 반대로 뭐든 될 수 있다는 자유를 온전히 누리지 못하고 기회 속에 파묻혀 고통스러운 인생을 사는 사람이 이 세상에는 아주 많아.

그들 대부분은 뭐가 되고 싶은지만 생각하고 그걸 목표로 삼아 살고 있다네. 그들의 부모 또한 그렇지. 뭐든 될 수 있으니 자신이 원하는 게 되면 된다고 말해. 그리고 무엇이 될지 정하는 게 곧 목표 설정이고, 그걸 실현하도록 돕는 게 부모의 역할이라고 믿으며 아이를 키우지. 어떤 인간이 될지를 목표로 삼지 않고 말일세.

그런 가르침에 따라 아이는 자신이 되고 싶은 무언가를 삶의 목표로 삼는다네. 공무원이 되려 한다든지, 배우를 꿈꾼다든지, 의사나 학자 등 어떤 직업을 가지면 행복할지 생각한 끝에 목표를 정하고 그렇게 되는 게 행복을 거머쥘 방법인 양 인생을 살아가지. 하지만 그래서는 뭐가 된들 행복해지지 않아.

중요한 건 뭐가 되고 싶은지가 아니라네. 뭐가 되든 상관없이 어떤 인간이 되고 싶은지가 중요해. 물론 훗날 무엇이 될지 생각하는 일 자체는 나쁘지 않아. 다만 무언가가 되리라 마음먹더라도 '어떤' 무언가가 되고 싶은지 생각하지 않으면 행복을 손에 쥘 수 없어.

과거에는 직업을 선택할 자유가 없었기에 자연히 무사도를 바탕으로 강한 정신력을 터득할 수 있었네. 하지만 지금은 어떤 직업이든 고를 수 있는 자유가 있기에 오히려 강인한 정신력을 얻지 못하게 된 셈이야. 참으로 얄궂은 상황이지."

먼 곳을 바라보며 이야기하던 네 번째 현자는 옆에 놓인 차로 눈길을 돌리고 한 모금 마신 다음 사이드를 보았다.

"진정한 현자라 불리는 사람은 어떤 세상에서든 이 사실을 잊지 않아. 무엇이 될지는 그리 중요하지 않으며, 어떤 인간이 되느냐가 훨씬 더 중요하다는 사실을 말이네.

그렇게 생각하지 않는 사람은 먼저 무엇이 될지 정하려 하지. 어떤 사람이 될지 깊이 고민하지도 않은 채 미래의 목표가 없다고 조바심을 내며 근처에 있는 것들을 끄집어내서 자기 인생에 적용시키는 거야. 그리고 그 무언가가 되는 게 인생의 목표인 양 행동하지. 그래서는 어떤 직업을 갖더라도 인생을 성공으로 이끌지 못한다네.

그보다는 이를테면 많은 사람이 좋아하고 따르며 존경하는 사람이 되는 걸 인생의 목표로 삼는 편이 훨씬 더 의미가 있지. 그런 사람은 어떤 일을 하든 성공하기 마련이니까. 즉, 자네가 앞으로 정할 목표는 '무엇이 되고 싶은가'가 아니라 '어떤 사람이 되고 싶은가'여야만 해. 그렇게 되겠다고 강하게 염원하고 스스로를 갈고닦으면 비전, 그러니까 자네가 어떤 방법을 통해 인생을 성공으로 이끌 것인지 자연히 알게 될 테니까.

알겠나, 사이드? 어떤 사람이 되고 싶은지를 끝까지 추구하다 보면 자연히 무엇을 해야 할지 깨닫게 된다네. 현자는 그걸 알고 있지.

내가 전할 가르침은 이제 끝이지만, 마지막으로 이야기 하나를 더 들려주겠네. 다 듣고 나서 다섯 번째 현자에게 가면 되겠군.

어떤 곳에 한 젊은이가 있었다네. 그 젊은이는 어릴 적부터 다른 사람의 이야기를 듣는 걸 아주 좋아해서 틈날 때마다 사람들에게 이야기를 청했지. 그는 이야기를 들을 때마다 너무나 기분이 좋아서 이루 말할 수 없이 행복한 표정으로 귀를 기울였다네. 그러다 보니 어느새 사람들이 오히려 젊은이에게 이야기를 하려고 찾아오게 되었지. 세상에는 진지하게 남의 말을 들어주는 사람이 그리 많지 않으니 말이야. 특히 혼자 사는 노인들은 그를 친손자처럼 귀여워했어.

젊은이는 서서히 깨달았다네. 사람은 이야기를 들어주는 것만으로도 온갖 마음의 짐을 내려놓고 평온을 얻거나 기운을 낼 수도 있다는 사실을. 그리고 신기하게도 오랫동안 누군가를 괴롭혀온 병마저 치유할 수 있다는 사실을 말이야.

그래서 젊은이는 의사가 되었다네. 그리 어려운 일을 하는 건 아니었어. 늘 그랬듯이 진찰받으러 오는 사람들의 이야기에 이루 말할 수 없이 행복한 표정으로 귀를 기울여줄 뿐이었지만, 그가 온갖 병을 고쳐준다고 금방 소문이 났지. 그의 곁에는 사람들이 쉴 새 없이 몰려들었어. 자신의 이야기를 모두 털어놓고 나서 건강이 나아졌다며 감사 선물로 돈이나 물건을 들고 다시 찾아오는 사람이 끊이지 않았지.

그의 성공을 지켜본 사람들 가운데 젊은이처럼 성공하기

를 원하는 이들이 계속해서 나타났어. 어떤 이는 의사가 되기 위해 공부에 열을 올리기 시작했고, 또 어떤 이는 그 젊은이처럼 의사가 되면 행복해질 수 있다고 자기 자식을 타이르며 다른 곳에는 눈길도 주지 않고 공부만 시켰지. 그들 중에는 의사가 된 사람도 있었지만, 젊은이처럼 성공을 거둔 사람은 없었다네. 그뿐 아니라 경영이라는 혹독한 현실이 그들을 기다리고 있었어. 그래. 그들은 모두 의사가 되기만 하면 행복이 저절로 굴러들 거라 생각했던 거야. 그들이 가장 먼저 생각했어야 할 건 무엇이 되느냐가 아니라 어떤 인간이 되느냐였는데 말이야…….

만약 그들이 그 젊은이처럼 다른 사람의 말을 기꺼이 귀담아듣는 사람이 되기를 원했고 목표를 달성했다면, 그들 또한 인생에서 분명 성공을 거두었겠지. 가령 의사가 아니라 식당의 주인이 되었더라도 말이네."

목표

✦ 많은 사람이 인생의 성공을 '무엇이 되는가'라는 문제에서 찾으려 한다.

✦ 하지만 성공과 행복을 반드시 손에 넣을 수 있다고 단언할 수 있는 직업은 애초에 존재하지 않는다.

✦ 성공은 직업에 따르는 게 아니라 사람에 따르는 것이기 때문이다.

✦ 그러므로 장차 무엇이 되고 싶은지를 목표로 삼아도 성공을 손에 쥘 수는 없다.

✦ 성공을 위해서 가장 먼저 고민해야 할 부분은 '어떤 인간이 되고 싶은가'이다.

✦ 스스로 가장 이상적이라 여기는 인간상을 좇다 보면 사람은 놀랍도록 강한 의지의 힘을 얻을 수 있다. 그리고 그 과정에서 스스로 나아갈 길을 자연히 발견하고 어떤 일을 해야 할지도 알게 된다.

✦ 중요한 건 지금 무슨 일을 하고 있느냐가 아니다. 어떤 직업을 가지고 있든 자신이 목표로 하는 인간상이 성공에 걸맞은 훌륭한 모습이며 그런 사람이 되기 위해 날마다 노력하는 한 성공은 정해진 결과나 다름없다.

Book of the Wise

다섯 번째
현자

사이드가 이 저택에 머물게 된 지 오늘로 11일째가 되었다. 이곳은 다섯 번째 현자의 집으로 그의 이름은 데일Dale이라고 했다. 가정부를 여럿 거느린 집사가 이 근사한 저택의 모든 걸 관리했다.

사이드는 이곳에서 따뜻한 목욕과 호화로운 식사 등 손님 대접을 받으며 지내느라 하마터면 다시 여행에 나설 의지가 꺾일 뻔했다. 여행하는 도중에는 풀을 침대 삼아 잠들거나 동굴에서 비바람을 피하는 게 일상이었고, 지붕이 있는 곳에서 잠드는 날이 훨씬 드물었다. 하물며 이토록 호화스러운 식사를 맛본 적은 지금껏 한 번도 없었다.

사이드는 어제까지 열흘간 멋진 서재에서 하루 종일 책을 읽으며 지냈다. 네 번째 현자를 만난 뒤, 다시 바다를 건너고 산을 넘고 국경을 여럿 지나 마침내 목적지에 다다랐을 때 사이드를 기다리고 있던 건 이처럼 호화로운 나날과 다섯 번째 현자의 과제였다.

현자는 사이드에게 두꺼운 책 다섯 권을 건네며 이렇게 말했다.

"내 이야기는 네가 책을 모두 읽은 다음에 들려주마. 다 읽으면 내가 있는 곳으로 오렴. 뭐, 그리 서두를 필요는 없어. 하루 한 페이지여도 좋다. 자신에게 맞는 속도로 읽으면 돼. 그동안 필요한 건 이 사람들이 챙겨줄 거고. 느긋하게 여독을 풀도록 하렴."

사이드는 첫날 너무도 극진한 대접에 감탄하며 책을 아주 천천히 읽으면 여기 계속 지낼 수 있을까 생각하기도 했지만, 둘째 날 저녁 무렵부터 생각을 바꿨다. 자신이 호화로운 생활에 이미 익숙해지기 시작했으며 이런 생활을 잃기 싫다는 생각을 하고 있는 걸 깨달았기 때문이다.

'이대로 있으면 난 여행을 떠날 의지마저 잃어버릴 거야.'

그렇게 생각하자 사이드는 이곳에서 보내는 사치스러운 나날이 두려워졌다. 자신의 강한 의지를 모두 빼앗아가는 것 같았기 때문이다.

사이드는 그날 밤부터 자는 시간까지 아껴가며 책을 읽기 시작했다. 하루라도 빨리 이곳을 떠나기로 마음먹은 것이다.

다섯 번째 현자가 건네준 책은 모두 위인들의 삶을 기록한 전기傳記였다. 어떤 상황에서 태어나 어떻게 인생의 마지막 날을 맞았는지 속속들이 적혀 있어서 한 권 한 권 끝이 다가올수록 자신이 그들의 인생을 처음부터 끝까지 지켜본 부모 혹은 신이 된 듯한 이상한 기분이 들었다. 죽음의 순간에는 그들의 어린 시절이 생각나 눈물까지 흘렸다.

그렇게 해서 사이드는 어제, 드디어 다섯 인물의 인생 이야기를 모두 읽은 참이었다. 오늘 아침에 사이드는 다섯 번째 현자와 기다란 테이블 끝과 끝에 앉아 평소처럼 식사를 시작했다. 그와 동시에 사이드가 입을 열었다.

"데일 씨. 주신 책 다섯 권을 어제 다 읽었어요."

데일은 순간 놀란 표정을 지었지만, 곧 미소를 지으며 만족스러운 듯 고개를 몇 번 끄덕였다.

"그렇구나. 내가 생각한 것보다 훨씬 빠른걸. 좋아, 그럼 식사 후에 내 방으로 오렴. 지금은 아침 식사 시간이니 식사를 즐기자꾸나."

그는 표정을 허물어뜨리며 더 활짝 웃었다.

사이드는 여행에 나설 준비를 완전히 끝낸 다음 데일의 방을 찾았다. 막상 채비를 하고 보니 아쉬움 같은 감정은 거의 들지 않고 여행에 대한 호기심이 다시 무럭무럭 솟아났다.

데일은 사이드를 방 안으로 들인 뒤, 앉는 순간 반동 때문에 공중으로 튀어 오르는 듯한 느낌이 들 만큼 탄탄한 일인용 소파에 앉힌 다음 이야기를 시작했다.

"사이드, 좀 더 느긋하게 지내도 좋았건만. 정말 네 성에 찰 때까지 머물러도 상관없단다. 혹시 이곳 생활이 별로 마음에 안 들었니?"

"아뇨, 그럴 리가요. 언제까지 계속 신세를 질 수는 없으니까요. 그리고 이곳에서 보내는 나날은 저한테는 너무 과분해서 솔직히 마음이 조금 불편했어요. 저는 아무것도 하지 않는데 이렇게나 잘 대접해주셔서⋯⋯. 감사 표시로 청소든 뭐든 할 수 있었다면 좋았겠지만, 그런 것도 시켜주지 않으셨고요. 아무튼 이곳은 제가 오래 있어도 될 곳은 아니라고 생각했어요."

데일은 흡족하게 고개를 끄덕이다가 잠시 후 입을 열었다.

"인간은 스스로 노력해서 만들어낸 것 위에서만 마음 놓고 설 수 있는 법이니까. 아무리 멋지고 근사한 것이라 해도 남이 만든 것 위에서는 편히 머물지 못하지."

그런 다음 커다란 책상 위에 놓인 나무 상자 안에서 푸르스름하게 빛나는 물건을 꺼내 들고 다시 사이드의 곁으로 돌아왔다.

"자, 그럼 본론으로 들어갈까?"

사이드는 소파 위에서 자세를 고치며 등을 곧게 폈다.

"사람은 누구나 지금 이 순간만을 살 수 있단다. 그 사실을 올바르게 이해한 사람만이 인생에서 성공을 거둘 수 있지. 내가 사이드 네게 전하고 싶은 가르침은 바로 이것이란다.

이 세상의 많은 사람이 지금 이 순간을 소중히 여기며 살지 않고 과거 또는 미래를 살고 있어. 아직 어린 네게는 쉽게 이해되지 않을지도 모르지만, 나이를 먹다 보면 세상이 그런 사람들로 가득하다는 걸 알게 될 거야.

하지만 성공한 사람은 결코 과거에 살거나 미래에 살지 않는단다. 성공에 걸맞은 사람으로서 오늘 하루를 있는 힘껏 살아가지. 이해가 되니, 사이드?"

"……왠지 알 것 같아요."

"특히 사람들은 과거에 자주 머문단다. 좋은 기억이 있으면 그 기억에 젖기 위해 오늘을 쓰고, 나쁜 기억이 떠오르면 후회하거나 스스로를 탓하는 데 오늘을 써버리지.

모든 사람의 과거에는 좋은 일도, 나쁜 일도 있었을 거야. 그런데 굳이 기억을 구석구석 파헤치고 들춰서 생각하느라 시간을 보내는 건 오늘 하루를 부질없이 흘려보낼 뿐 아니라 자신의 앞날마저 가치 없는 날들로 바꿔버리는 셈이란다. 과거는 다시 돌아오지 않아. 지나간 일로 머리 싸매고 이리저리 고민하거나 후회해봤자 남은 인생에는 조금도 도움이 되지 않지. 지나간 어제와는 작별하고 오늘 하루를 있는 힘껏 사는 것. 그런 마음가짐이 현자에게는 그리고 성공한 사람에게는 반드시 필요하단다.

미래도 마찬가지야. 과거에 어설프게 작은 성공이나 안정감을 손에 넣으면, 이번에는 미래를 두려워하게 돼. 이렇게 되면 어쩌나, 저렇게 되면 어떻게 해야 하나 앞날을 걱정하느라 안절부절못하는 상태로 오늘 하루를 허비하는 사람도 있어. 그런가 하면 큰 꿈을 쳐다만 보느라 시간을 헛되이 보내는 사람도 있단다. 오늘 그 꿈에 한 걸음 더 다가가려고 노력하지 않는다면, 결국 미래가 두려워 벌벌 떨며 사는 사람과 크게 다르지 않아.

중요한 건 어제까지의 인생과 내일부터의 인생에 마음을 사로잡히지 않고 오늘 하루에 집중하며 살아가는 것이란다."

데일은 말을 마친 뒤 사이드의 앞에 놓여 있던 체스보드 위에 푸르스름하게 빛나는 퍼즐 조각을 탁 소리가 나도록 내려놓고서 미소 지으며 사이드를 바라보았다. 사이드는 시선을 느끼면서도 체스보드 위의 조각에서 눈을 떼지 않다가 이윽고 입을 열었다.

"데일 씨의 가르침은 잘 알겠어요. 현자라 불리는 사람이 되려면 그런 마음가짐이 필요하다는 점도 제 나름대로 이해했다고 생각하고요. 하지만 저는 아직 당신이 읽으라고 했던 다섯 권의 위인전이 뭘 가르쳐주는지 잘 모르겠어요. 데일 씨의 이야기와 무슨 상관이 있는지 말이에요."

사이드는 그렇게 말하고는 다시 시선을 한곳에 고정하고 골똘히 생각하기 시작했다.

데일은 변함없이 미소 띤 얼굴로 그 모습을 지켜보았다. 자신을 이곳에 붙잡아 계속 여행하려는 강한 의지가 있는지 없는지 시험하려는 속셈일지도 모른다고는 전혀 생각하지 않은 듯해 사이드가 무척 대견했다. 물론 그런 속셈으로 책을 읽게 한 건 아니었지만, 이 소년이 끊임없이 의미를 생각하며 읽었다는 사실에 감탄했다.

"오늘에 집중하며 살아야 한다는 점을 이해했다면, 중요한 건 시간을 보내는 방식이겠지. 다시 말해 오늘 하루를 '어떻게 사느냐'가 중요하단 뜻이란다."

사이드는 데일에게 눈길을 돌렸다.

"사람의 일생이란 자신의 전기를 스스로 써 내려가는 것과 다름없어. 네가 최고의 현자가 되어 세상을 떠난 뒤 누군 가 너의 전기를 읽는다면, 지금 너는 자신의 전기를 구성하 는 하나의 일화를 만들고 있는 셈이지. 그러니까 산다는 건 자신의 전기를 스스로 쓰는 것이란다."

사이드의 눈빛이 달라졌다. 분명히 뭔가 마음속으로 느낀 바가 있는 듯했다. 데일은 말을 이었다.

"나는 네게 다양한 사람의 위인전을 읽게 했어. 막대한 부 를 축적한 사람, 세기의 발견을 이룩한 사람, 강대한 나라를 세운 사람, 많은 사람을 돕고 자신은 일평생 검소하게 산 사 람 그리고 불행한 시대를 긍정적으로 살아온 한 사람까지 모 두 다섯 명이었지. 이 나라에서 존경받는 위인들로 많은 사 람이 꾸준히 찾아 읽는 전기란다. 사이드, 넌 이 전기들을 읽 고 뭔가 배운 점이 있니?"

"저는 그저 대단하다고 감탄할 수밖에 없었어요. 배울 점 이라고 하면, 그들 모두에게 저마다 본받을 부분이 있다는 생각이 들기도 했고요."

"옳은 말이기도 하지만, 그래서는 이야기가 진행되지 않겠 구나. 질문을 바꿔보자. 그들에게 어떤 공통점이 있다고 생각 하니?"

"음, 우선 결코 넉넉하다고 할 수 없는 상황에서 인생을 시작했다는 점은 똑같았어요. 그리고 많은 사람에게 영향을 미치고 존경받으며 인생을 마감했다는 점도 같네요."

"그래. 그런 의미에서는 인생의 출발점과 성공은 전혀 관계가 없다고 말할 수 있지. 아니, 오히려 0에서부터 시작해야 성공을 손에 넣기 쉽다고 말할 수 있을지도 모르겠구나. 어쨌든 다섯 명 모두 그 점은 동일했으니까. 또 알아챈 부분은 없니?"

"다섯 명 모두 가난했던 어린 시절부터 다른 사람과 달리 대단한 면모가 있었다고 느꼈어요."

"왜 그렇게 생각했니?"

"어릴 적부터 '아, 이 사람은 역시 성공할 만해서 성공했구나'라고 절실히 느끼게 되는 일화가 아주 많았어요. 평범한 사람은, 아니 저는 도저히 하지 못할 말과 행동을 어린아이일 때부터 했죠."

"바로 그거야, 사이드. 나는 네가 그걸 깨달았으면 해서 위인전을 읽게 했단다."

"네?"

사이드는 멍한 얼굴로 데일을 쳐다보았지만, 그는 개의치 않고 계속 말했다.

"우리가 어떤 위대한 인물의 전기를 읽을 때, 그 사람이 미래에 당연히 성공할 거라고 믿게 되는 일화가 반드시 등장하지. 가난한 어린 시절의 이야기일 수도 있고, 많은 고난을 겪은 청년 시절의 이야기일 수도 있어. 어쨌든 그 사람이 큰 성공을 거두기도 전에 절로 납득하게 되지. '아, 이 사람이 훗날 그런 업적을 이룩하는 건 지극히 당연한 일이구나', '이런 사람은 반드시 성공할 거야. 성공하는 게 당연하지'라고 말이야. 그 사람의 환경이 불우한지 궁핍한지는 전혀 상관이 없어. 어린 시절 아무리 가난했더라도 '이 사람은 이래서 성공할 수 있었구나' 하고 자연히 인정하게 되는 일화가 반드시 있지. 그건 예상이 아니라 확신이야.

그런 이야기가 없는 사람이 성공하는 위인전은 본 적이 없어. 읽다 보면 그렇게 살다가는 언젠가 망한다고 생각하게 되는 사람은 기어이 실패한 인생을 살고, 이런 사람은 꼭 성공한다고 생각하게 되는 사람만이 성공을 거두지. 그리고 그런 확신은 빗나가지 않아.

너도 다섯 명의 전기를 읽고 그렇게 확신했을 거야. 그들이 세상에 나오기 전에, 위인으로 인정받기 훨씬 전에 있었던 일화를 읽고서 이 사람은 무슨 일이 있어도 성공할 사람이라고 굳게 믿었겠지. 그리고 확신한 뒤에는 어떻게 그걸 손에 쥐었는지 그저 확인하는 과정이었을 거야. '역시 그렇군' 하고 말이야."

사이드는 고개를 크게 끄덕였다.

"인생은 한 권의 전기를 쓰는 것과 같다고 말했지? 그리고 너는 오늘을 보내며 자신의 전기에 새로운 한 페이지를 써넣은 셈이야. 내가 오늘 쓸 수 있는 건 오늘 하루 치의 분량뿐이란다. 그러면 자연히 내가 할 수 있는 일은 아니, 해야 할 일은 오직 하나지. 너의 전기를 읽는 사람이 오늘의 이야기가 담긴 페이지를 읽을 때 '아, 이 녀석은 당연히 성공하겠구나', '이 사람은 꼭 성공할 인물이야'라고 확신할 수 있는 하루를 만드는 거야. 그 확신은 결코 빗나가지 않을 거야. 절대 성공할 거라 여겨지지 않는 사람이 전기의 마지막 부분에서 큰 성공을 거두는 일은 절대 없으니 말이야.

인생이라는 전기는 과거를 고쳐 쓸 수도 없고, 미래를 미리 앞당겨 쓸 수도 없어. 그래, 인생을 맨 마지막부터 쓸 수는 없는 법이야. 그저 오늘 하루에 대한 이야기만 쓸 수 있지. 그리고 새로운 내용을 써넣는 방법은 단 하나뿐이야. 그게 뭔지는 이미 알겠지? 그래. '행동'이자 '말'이란다.

전기는 여러 일화로 이루어져 있어. 어떤 순간에 어떤 행동을 했는지, 궁지에 몰렸을 때 뭐라고 말했는지 그런 이야기들이 쌓이고 쌓여 완성돼.

사이드, 만약 네가 지금 쓰고 있는 인생이라는 전기를 멋들어진 내용으로 완성하고 싶다면 지금 네가 뭘 가졌고 뭐가 없는지, 상황이 유리한지 불리한지는 전혀 상관이 없단다. 너는 너의 전기를 읽는 누군가가 네가 훗날 반드시 성공할 사람이라고 믿을 수 있는 하루를 만들면 되는 거야. 그러면 남은 인생은 성공을 확인하는 과정이 되겠지. 나머지는 그걸 어떻게 손에 넣는지 지켜보는 거나 다름없단다. 어떠니, 내가 하고자 하는 말이 뭔지 알겠니?"

사이드는 말없이 고개를 깊이 끄덕였다. 맑은 눈은 초롱초롱 빛을 내며 데일의 눈을 곧게 바라보았다.

"알겠니? 다시 한번 말하지만, 사람들은 대부분 인생에서 무엇을 얻고 어떤 성공을 거둘지는 열심히 궁리하면서 자신이 어떤 사람으로 비치는지는 거의 신경 쓰지 않아.

하지만 지금 네가 무엇을 가졌는지, 어떤 성공을 거두었는지, 다른 사람보다 무엇이 뛰어난지는 아무래도 상관이 없어. 기나긴 인생에서 그런 것들은 시시각각 달라지기 마련이니까. 중요한 건 네가 훗날 성공하기에 걸맞은 사람으로 보이는가 그렇지 않은가야. 만약 누군가 그렇게 여긴다면 설령 지금 가진 게 아무것도 없다 해도 걱정할 필요 없어. 모두가 예상하듯이 네가 손에 쥐고 싶어 하는 모든 성공이 자연히 찾아올 테니. 모두가 그렇게 여긴다는 건 이미 전부를 손에 쥔 거나 다름없단다.

반대로 네가 지금 아무리 성공해서 부와 명성을 얻었다 해도 네 전기를 읽는 사람, 그러니까 너의 인생을 바라보는 사람이 '이 사람은 머지않아 망할 사람'이라고 생각한다면 전부를 잃는 것과 마찬가지. 그런 날은 결국 찾아올 거야. 그 점을 잊어서는 안 돼.

현자란 이 사실을 올바르게 이해한 사람, 다시 말해 단 하루만 시간이 있어도 자신의 인생을 커다란 성공으로 이끌 수 있다는 사실을 온전히 이해하는 사람이야. 뭐가 있고 없든, 과거가 어떻든, 지금 이 순간부터 오늘 하루를 끝내 성공할 사람의 하루로 만들고 남은 모든 나날 동안 꾸준히 반복한다면 모든 성공을 거머쥘 수 있으니 말이야. 알겠니? 네가 오늘 쓸 수 있는 건 전기 속의 단 한 페이지뿐이야. 하지만 그 한 페이지로 훗날의 성공을 당연한 것으로 만들 수는 있다는 이야기란다."

사이드는 데일의 말을 머릿속으로 되뇌었다. 그리고 자신의 인생을 전기에 비유한다면, 이 여행은 1장의 끝이고 여행이 끝나는 데서부터 2장이 시작될지도 모른다는 상상도 했다.

자신은 인생에서 아직 아무것도 손에 쥐지 못했지만 자신의 전기를 읽는 사람이 있다면, 적어도 1장이 끝나기 전에 모든 독자가 사이드 같은 소년이라면 장차 틀림없이 성공할 거라고 믿을 수 있도록 하루하루를 살아야겠다고 굳게 마음먹었다.

현재

✦ 인생이란 한 권의 전기를 완성하는 일과 같다.

✦ 인생을 성공으로 이끌기 위해 오늘 하루 동안 내가 할 수 있는 일은 단 하나뿐이다.

✦ 지금 자신이 손에 쥔 것과 상관없이 오늘 하루를 마땅히 성공할 만한 사람답게 보내는 것이다.

✦ 언젠가 나의 전기를 읽는 사람이 오늘 새로 쓴 한 페이지를 보고 '이 사람이라면 훗날 당연히 커다란 성공을 거머쥘 수 있을 것이다'라고 생각할 만한 페이지를 만들어야 한다. 오늘 하루를 그렇게 보내기만 해도 미래의 성공은 이미 정해진 것이나 다름없다.

✦ 성공으로 한 발 다가가기 위해 오늘 할 수 있는 일은 오직 그것뿐이다.

✦ 바라건대 이미 써버린 페이지를 몇 번이고 다시 들춰보며 후회하거나 아직 쓰지 않은 빈 페이지를 넘겨보며 불안해하느라 귀중한 하루를 써버리지 않기를 바란다.

여섯 번째
현자

여섯 번째 현자는 세계 금융 경제의 중심인 한 도시의 작은 아파트에 살고 있었다. 온화한 표정이 돋보이는 노인으로 이름은 팀Tim이라고 했다.

　사이드는 노인의 안내에 따라 아파트로 들어가 늦은 아침 식사를 대접받았다. 오랫동안 혼자 생활해온 노인은 식사를 하면서 몇 번이나 이렇게 말했다.

　"둘이서 먹는 밥은 특히 더 맛있구나."

　그러면서 가뜩이나 처진 눈꼬리를 연신 늘어뜨렸다.

　이윽고 식사가 끝날 무렵이 되자 사이드가 입을 열었다.

　"팀 씨는 계속 이 도시에 사셨나요?"

　"그렇단다."

팀은 천천히 자리에서 일어나 창가로 다가갔다. 그러고는 밑에서 분주히 오가는 인파를 바라보며 말했다.

"나도 예전에는 저들 가운데 한 명이었지."

그는 잠시 거리를 내려다보다가 다시 사이드를 돌아보며 빙긋 웃더니 식탁으로 돌아와 자리에 앉아 이야기를 시작했다.

"이곳에서는 사람들이 투자라 일컬으며 거액의 돈을 움직이고 있단다. 몇 초 만에 수백억이라는 믿기지 않을 만큼 큰 돈이 누군가의 손에서 다른 사람의 손으로 옮겨 가는 일이 수도 없이 반복되고 있지. 이 도시에서 오래도록 살아온 내가 뭔가를 가르쳐줄 수 있다면 올바른 투자에 관한 이야기뿐이겠구나. 사이드, 투자란 무엇인지 아니?"

"돈을 앞으로 가치가 높아질 것 같은 무언가로 바꾼 다음 가치가 오르길 기다리는 일…… 일까요?"

"사람들은 대개 그렇게 생각하지만 사실 그건 그리 옳은 생각이 아니야. 옳은 투자란 이런 거지. 자신이 가진 재산을 지금 당장은 쓸 수 없는 것으로 바꾸고 훗날 가치가 크게 높아지기를 기다리는 것. 이게 바로 투자란다."

사이드는 물었다.

"제가 말한 것과 다른가요? 저한테는 똑같은 일처럼 들리는데요."

팀은 변함없이 웃는 얼굴로 대답했다.

"자, 사이드. 많은 사람이 재산이라 생각하는 건 사실 재산이 아니라 신용이란 이름의 종잇조각에 불과하고, 많은 사람이 투자라 여기는 건 도박에 지나지 않는단다.

너는 '가치가 높아질 것 같은 무언가'라 말했지. 반대로 말하면 실패해서 가치가 떨어질 수도 있다는 이야기 아니겠니. 그러면 재산을 잃을 수도 있다는 뜻을 포함하고 있는 거지. 실패할 확률이 있다면 성공할 확률이 아무리 높더라도 그건 도박일 뿐이란다. 뭐, 살다 보면 때로는 도박이 필요할 때도 있지만 말이다."

여섯 번째 현자 팀은 그렇게 말하더니 또 싱글벙글 웃으며 사이드를 바라보았다.

'아무래도 이 현자는 지금까지 만난 현자들과 달리 가만히 기다리기만 해서는 핵심을 알려주지 않을 것 같아.'

그렇게 판단한 사이드는 조금 이해하기 어려운 부분을 계속해서 질문해보기로 했다.

"그렇지만 돈은 재산이 아닌가요?"

"음, 일종의 재산이라 할 수는 있지만 세상 사람들이 생각하는 만큼 중요하지는 않단다. 기껏해야 이길 확률이 높은 도박의 판돈으로 삼을 수는 있는 정도지, 투자에는 썩 적합하지 않아. 물론 내가 말하는 투자는 세상 사람들이 말하는 투자와는 다르지만 말이다.”

“그럼 이런 뜻일까요? 돈을 이용한 투자란 세상 사람들이 투자라 믿을 뿐, 사실은 돈이 불어날 확률이 높은 도박에 불과하다.”

“그래, 이해가 빠르구나. 그 말대로다.”

“그렇다면 진정한 재산이란 뭔가요? 그리고 당신이 말하는 투자란 또 뭐고요?”

“우리가 가진 재산이란 모든 사람에게 동등하게 주어진 것이란다. 현자는 알고 있지. 그 재산을 투자했을 때 실패 따위는 존재하지 않는다는 사실을 말이야. 언제나 커다란 성공을 거느리고 곁으로 돌아온다는 것도. 우리가 가진 재산이 무엇인지 알겠니, 사이드?”

‘현자는 알고 있지’라니……. 여섯 번째 현자가 명확하게 알려 주지 않으니 스스로 답을 찾아낼 수밖에 없었다. 사이드는 모든 사람에게 동등하게 주어진 게 무엇인지 열심히 궁리했다.

머릿속에는 단 한 가지 답밖에 떠오르지 않았다. 하지만 아직 확신이 없어서 조금 자신 없는 투로 대답했다.

"혹시…… '시간'일까요?"

"바로 그거야. 우리가 투자할 수 있는 유일한 재산은 시간이지."

팀은 아주 흐뭇한 표정으로 얼굴의 주름을 한층 더 깊게 만들며 환하게 웃었다.

"저도 거기까지는 얼추 알 수 있었어요. 그래도 그게 정확히 어떤 뜻인지 좀 더 자세히 알려주실 수 있을까요?"

"암, 되고말고. 사람들 중에는 일확천금을 노리는 노름꾼들이 아주 많단다. 하지만 도박을 하려 해도 밑천이 없으면 할 수가 없지. 그래서 이렇게 생각하는 거야. '나도 투자를 하고 싶다. 돈만 있으면 땅을 사거나 주식을 사거나 회사를 세울 수 있을 텐데. 안타깝게도 자금이 없어서 투자를 못 해'라고 말이지.

그래서 자금을 만들려고 열심히 일하기 시작해. 돈이야말로 투자를 하는 데 필요한 유일한 자본이자 재산이라고 생각하면서 말이야. 한데 그게 생각대로 쌓이지가 않아. 이상하게도 자꾸만 피치 못할 사정이 생겨서 열심히 일해서 번 돈도 고스란히 어딘가로 사라져버리지. 결국 원래대로 되돌아가서 이렇게 생각하는 거야.

'결국 처음부터 재산이 있는 사람만 행복해질 수 있는 거

였어. 정말 불공평한 세상이야.'

하지만 이런 생각은 처음부터 잘못됐어. 재산이 무엇인지 아예 잘못 알고 있다는 점부터 말이야. 이런 사람들은 목돈이나 땅을 재산이라 부르며 어딘가에 투자해야 한다고 생각해. 진짜 재산은 시간인데 말이야. 그래서 귀중한 시간을 투자에 쓰지 않고 돈을 버는 데 쓰려 하지. 재산을 만들고 있다고 생각하면서. 하지만 그건 재산을 만드는 게 아니라 오히려 재산을 낭비하는 일이란다. 결국 아무리 시간이 흘러도 올바른 투자를 못하는 거야."

"일하는 건 자기 자신에 대한 투자가 되지 못하나요?"

여섯 번째 현자는 미소를 지우지 않은 채 말했다.

"된다고도 할 수 있고, 안 된다고도 할 수 있어. 사이드, 너는 아직 재산이 돈, 금은보화, 땅 같은 것이라는 인식이 강하겠지만 사실 그렇지 않단다. 우리가 투자할 수 있는 유일한 재산은 어디까지나 시간이라는 사실을 다시 한번 머릿속에 넣어두거라.

많은 사람은 자신의 귀중한 재산인 시간을 이용해 일을 해. 하지만 대부분의 사람에게 일은 단순히 시간을 돈으로 바꾸는 작업에 지나지 않아. 하루라는 재산을 그 자리에서 돈으로 환전하는 걸 투자라고 부르지는 않지. 재산을 재산이 아닌 것으로 바꿔 손에 쥐고 있으니 소비 활동 또는 낭비 활동이라고 불러야 할지도 모르겠구나.

투자가 뭔지 기억하지? 자신의 재산, 나는 그걸 시간이라고 가르쳐줬는데 말이다. 그걸 지금 당장 뭔가로 바꾸는 게 아니라 무럭무럭 커지기를 기다렸다가 손에 넣는 거야. 그게 바로 투자란다. 그 자리에서 곧바로 돈으로 바꾸는 한, 그 노동은 투자라고 할 수 없어. 그래서 된다고도 할 수 있고, 안 된다고도 할 수 있는 거지.

'노동은 신성하다'라는 말을 한번 생각해보자꾸나. 이 세상에 값진 일과 그렇지 않은 일이라는 구별은 없어. 모든 일은 분명히 동등하게 값지고 고귀하지. 틀림없는 사실이야. 다만 세상 사람들은 뭔가를 오해하고 있어. '노동은 신성하다'라고 말하며 그걸 어린아이에게도 아무런 의심 없이 가르치고 있지만 사실은 그렇지 않아. 일하는 방식에는 값진 것도 있는가 하면 그렇지 않은 것도 있어.

세상에 존재하는 모든 도구는 우리의 생활을 풍요롭고 편리하게 만들기 위해 개발됐단다. 하지만 사람에 따라서는 그 도구를 세상에 해가 되는 방식으로만 사용하기도 해. 실제로 역사가 시작된 이래 인간은 끊임없이 그런 일을 반복하고 있지 않니. 모든 일에 만능인 존재는 어디에도 없어. 그것이 우리에게 이로운지 해로운지 결정하는 건 그걸 다루는 사람의 마음이니까. 그건 노동 또한 예외가 아니란다."

"그러니까 이런 말씀이시죠? 일한 시간을 전부 돈으로 환전하는 노동은 모든 재산을 곧장 다른 것으로 바꿔 받는 셈이니 투자가 아니며 그런 노동은 값지지 않다. 일을 하더라도 바로 돈으로 바꾸기 위한 목적이 아니라면 투자가 되며 그런 노동은 값지다……."

팀은 한결 더 활짝 웃으며 고개를 작게 끄덕인 다음 대답했다.

"뭐, 실제로는 돈을 받으면서도 값진 일을 할 수 있지만, 사람들은 대부분 그렇게 살고 있지 않으니 네 설명도 틀리지 않은 셈이야."

사이드는 팀이 하는 이야기를 이제 거의 다 이해했다는 느낌이 들었다. 하지만 아직 완벽하게 이해했다고 할 수 없는 부분이 있어서 다시 물었다.

"돈을 받지 않고 일하라는 뜻인가요?"

팀은 큰 소리를 내며 웃기 시작했다.

"하하하! 사이드, 그렇게 걱정하지 않아도 돼. 물론 오직 돈을 얻기 위해서 일하는 사람에게는 보수가 없는 것처럼 느껴질지도 모르지만, 실제로는 그렇지 않단다. 보수가 없기는 커녕 누구보다 대단한 투자를 하는 셈이니까. 게다가 이 투자에 실패 따위는 존재하지 않아. 훗날 틀림없이 커다란 부를 거느리고 네 곁으로 돌아올 거야. 만일 시간이 지났는데도 돌아오지 않더라도 초조해할 필요는 없어. 늦으면 늦을수록 더 커져서 돌아오는 게 투자의 장점이니 말이야.

일해서 돈을 벌지 않으면 지금 이 세상을 살아갈 수 없다는 사실은 알고 있단다. 그러니 돈을 벌기 위해 일하는 것도 필요한 일이야. 그래도 사치를 부리지만 않으면 하루에 여덟 시간쯤 일하는 걸로 먹고사는 데 필요한 돈은 벌 수 있어.

하지만 돈이 곧 재산이라 믿는 사람은 욕심을 내서 두 시간 더 일하려 하지. 나쁜 마음가짐은 아니지만, 그 두 시간마저 돈으로 바꿔버리는 셈이야. 일반적으로 하루에 여덟 시간을 일한다고 했을 때 결국 수입으로 수중에 들어오는 돈이 25퍼센트가 늘어날 뿐인 거야. 그렇게 앞으로 몇 시간 더 일하면 얼마를 더 받을 수 있을지 계산해가며 일하는 걸 값지다고 말할 수는 없어.

똑같이 두 시간을 더 일하더라도 그 시간은 돈이 아닌 다른 걸 위해 일해보자는 이야기란다. 먹고사는 데 필요한 돈을 벌었다면 나머지 두 시간은 돈으로 바꾸기 위해서가 아니라 다른 목적을 위해 일해보는 거야.

그러면 자연히 무엇을 위해 일해야 하는지 생각하게 되지. 다른 사람을 돕기 위해서일 수도 있고, 사회 전체에 보탬이 되고 싶어서일 수도 있고, 나라, 아니 지구 전체를 위해서 일하는 것도 좋아. 뭐가 됐든 자기 나름대로 무엇을 위해 두 시간 동안 일할지 곰곰이 생각해보면 돼.

이 두 시간만큼 값진 노동은 없어. 이때 비로소 '노동은 신성하다'라고 말할 수 있지. 그리고 이때가 되어서야 올바르게 투자를 한다고 말할 수 있단다. 이처럼 다른 목적을 위해 일하는 두 시간은 돈을 위해 일하는 여덟 시간보다 훨씬 의미가 있어."

"무슨 말씀인지 잘 알았어요. 그 말이 맞다고 깊이 공감했고 저도 무언가가 돌아오느냐 그렇지 않느냐에 상관없이 살아가야겠다고 진심으로 마음먹었어요. 그렇지만……."

"틀림없이 돌아오리라고 확신할 수 없어서 그러는 거지? 정말로 실패 따윈 없는 좋은 투자를 한 게 맞는지 불안한 거야. 자신을 위해서라기보다는 현자가 되기 위해 그 점에 대해 분명한 확신을 얻어두고 싶은 마음일 테지. 훗날 다른 사람에게도 전할 수 있도록 말이야. 그렇지?"

사이드는 고개를 끄덕였다.

팀은 천천히 말 하나하나를 사이드의 머릿속에 남겨두고

오듯이 얘기하기 시작했다. 낮게 잠긴 목소리가 마치 사이드의 뇌에 글자를 직접 적어 넣듯이, 한 마디 한 마디 또렷하게 머릿속에 새겨지는 느낌이 들었다.

"우선 여덟 시간의 노동으로 돈을 얻지. 살아가는 데 필요한 돈 말이야. 그리고 나머지 두 시간을 돈이 아닌 다른 무언가를 위해 투자했을 때 얻는 건 바로 이것이란다."

팀이 내민 손바닥 위에는 푸르스름하게 빛나는 퍼즐 조각이 놓여 있었다.

"아……."

그 순간 사이드의 머릿속에서 앞서 다른 현자들에게 받았던 여러 가르침과 여섯 번째 현자의 가르침이 차례차례 이어지며 자기 자신의 생각처럼 깊이 이해하게 되었음을 느꼈다. 순식간에 일어난 일이었지만, 온갖 정보가 뇌리를 스치며 알맞은 내용끼리 저절로 연결되는 감각은 무척 신기했다.

"보아하니 전부 이해한 모양이구나. 너는 세상 사람들이 말하는 '보수 없는 일'을 일함으로써 돈 대신 퍼즐 조각을 얻는 거야.

그건 상사의 신뢰나 인망 혹은 인맥일지도 몰라. 기술이나 지식의 향상일 때도 있는가 하면, 혼자만 착한 척하려 든다고 착각하는 동료의 시샘일 때도 있겠지. 어떤 때는 사람들의 칭찬, 또 어떤 때는 너의 노력이 무의미하다는 비웃음일 수도 있어. 받았을 때 기분이 좋아지는 조각만 있지는 않겠지만, 네가 위대한 비전을 품고 끝내 성공한 인생을 손에 쥐었을 때 비로소 알게 될 거란다. 완성된 큰 그림에서 그때 얻은 퍼즐 조각이 어떻게 다른 조각과 연결되고 쓰였는지 말이야. 그런 조각 하나를 손에 쥘 수 있다는 뜻이다."

팀은 다른 말은 더 이상 필요가 없다고 느꼈다. 사이드는 반짝반짝 아름답게 빛나는 눈으로 이쪽을 지그시 바라보고 있었다. 표정에는 망설임 하나 없고 부드러운 미소가 감돌았으며 자신감에 가득 차 보였다.

'정말 지혜로운 아이야.'

팀은 마음속으로 생각하며 눈꼬리를 한층 더 늘어뜨리고 활짝 웃었다.

시간

✦ 세상에서 성공한 사람이라 불리는 이들 대부분은 무일푼으로 출발해 어마어마한 부를 쌓았다. 그들은 모두 투자를 했기에 성공을 거머쥘 수 있었다.

✦ 다만 그들이 투자한 건 결코 돈이 아니었다.

✦ 자신의 인생이라는 귀중한 재산을, '시간'이라는 재산을 투자했다.

✦ 그리하여 마음속에 그리던 커다란 비전을 완성하는 데 필요한 퍼즐 조각을 끝내 모두 얻어냈다. 이것이야말로 올바른 투자다.

✦ 올바른 투자는 지금 돈이 있는지 없는지와 관계없이 모든 사람이 동등하게, 그리고 어느 때든 상관없이 바로 시작할 수 있다.

✦ 현자란 이러한 진리를 깊이 이해하고 끊임없이 시간을 투자하는 사람이다.

일곱 번째
현자

지금 사이드는 몹시 지루했다. 드넓은 사막의 북단에 있는 이 마을에 도착한 지 오늘로 4일째가 되었다.

일곱 번째 현자 서처프트는 사이드가 도착한 날 그를 반기며 종이 한 장을 내밀었다. 그러고는 종이에 자신과 직접적으로 영향을 주고받으며 살고 있는 사람의 이름을 모두 적으라고 지시했다.

사이드는 이틀 동안 이름을 모두 적어서 서처프트에게 가져갔다. 처음에는 어마어마하게 많을 거라고 생각하며 막힘없이 이름을 적어나갔지만, 80명에 접어든 순간 기세가 푹 꺾여버렸다. 그다음부터는 한 사람 한 사람 짜내듯이 곰곰이 생각해서 이름을 적었고 어찌어찌 123명까지 늘렸다.

서처프트는 명단을 받아 들고서 말했다.

"때가 오면 이야기를 나누도록 하지. 그때까지는 이 마을에서 편안히 쉬며 여독을 풀어라."

그러나 도통 그는 사이드를 부를 낌새가 보이지 않았다. 이 마을은 무척 아담해서 구석구석 모두 살펴보는 데 한나절도 채 걸리지 않은 터라 명단을 완성한 둘째 날에는 더 이상 새로운 풍경이 아니게 되었다.

셋째 날, 사이드는 자신에게 내어준 방에서 일곱 번째 현자가 말한 '때'를 기다리며 하루를 보냈다. 방 안은 곳곳이 모래로 거슬거슬했다. 이 마을은 바다가 가까운 탓에 이따금 사막에 강한 바람이 불어닥쳐 많은 양의 모래를 흩날렸다. 바깥에 있으면 눈을 뜰 수 없을 때도 있었다.

이날 사이드가 새로 알게 된 건 모래언덕에 관한 이야기뿐이었다. 사이드의 방에서는 창문 밖으로 여러 모래언덕이 겹겹이 겹쳐 보였는데, 사실 모래언덕이란 사막 어디에나 생기는 게 아니라 다양한 조건이 맞아야만 만들어진다고 했다. 그래서 실제로 모래언덕이 있는 곳은 생각보다 적다고 마을 사람이 알려주었다.

이야기를 듣기 전까지는 사막에 모래언덕이 있는 게 당연하다고만 여겼기에 그 이야기를 들은 뒤에는 눈앞에 펼쳐진 풍경을 처음 이틀보다 한층 더 감탄하며 바라보게 되었다. 그러나 새로 얻은 지식이 그것뿐이라 왠지 아쉬움이 느껴지는 하루였다.

그리고 오늘이 넷째 날. 벌써 정오가 가깝다는 사실은 태양의 높이를 보면 알 수 있었다. 하지만 오늘도 여전히 서처프트의 연락은 없었다. 사이드는 지루함을 견디기가 점점 더 어려웠다.

'때가 오면, 이라니…… 그 '때'가 대체 언제지? 왠지 오늘도 아닌 것 같은데. 아냐, 어쩌면 오늘일 수도 있어. 하지만 잘못하면 며칠이고 몇 달이고 몇 년이고 계속 기다려야 할지도 몰라.'

이리저리 머리를 굴리다가 사이드는 결국 한 가지 생각에 이르렀다.

'언제가 될지 모를 일을 이렇게 계속 기다리기만 하는 건 시간 낭비야. 뭔가를 찾아보자. 뭔가 할 일을 찾고 그걸 하면서 때가 오기를 기다리는 거야.'

그렇게 생각하며 창틀에 걸터앉아 무심코 창밖을 내다보았을 때 몸집이 작은 한 소년이 우물에서 물을 긷는 모습이 눈에 들어왔다. 나이는 사이드보다 어려 보였다. 소년은 서둘러 물을 긷더니 물통을 들고서 뛰어갔다. 그 모습을 보고 사이드는 문득 자신의 고향을 떠올렸다. 강에서 물을 긷는 건 늘 사이드의 일이었기 때문이다.

'할아버지는 건강히 잘 지내실까. 혼자서 쓸쓸하진 않으시려나.'

그런 생각을 하며 멍하니 우물을 바라보고 있는데, 좀 전에 본 소년이 다시 뛰어와 급히 물을 긷는 모습이 보였다.

"어, 아까 그 애다."

사이드는 벌떡 자리에서 일어나 방을 뛰쳐나와 우물을 향해 달렸다. 하지만 우물에 도착했을 때 소년은 이미 사라진 뒤였다. 잠깐 달렸을 뿐인데 사이드의 목덜미에는 땀이 폭포처럼 흘러내렸다.

숨을 헐떡이며 사이드는 생각했다.

'여기서 기다리면 다시 올까?'

사이드는 좀 전에 소년이 달려간 방향을 바라보았다. 그때 별안간 등 뒤에서 누군가 자신의 이름을 불러 사이드는 깜짝 놀라 돌아보았다. 거기에는 서처프트가 서 있었다.

"사이드, 무슨 일이니? 뭔가 찾고 있니?"

"아까부터 어떤 애가 몇 번이나 우물에 물을 길으러 왔다가 급하게 뛰어가기에 딱히 할 일도 없으니 도와주려고 왔는데 한발 늦었네요. 그래도 여기서 기다리다 보면 또 오지 않을까 싶어서 기다리고 있었어요."

서처프트는 흡족한 듯 고개를 끄덕이며 사이드의 얘기를 듣다가 말했다.

"때가 온 모양이구나. 이쪽으로 오렴."

그러고는 몸을 빙글 돌려 집을 향해 걷기 시작했다.

"어, 그래도…… 저기……."

사이드가 서처프트의 뒷모습과 소년이 사라진 방향을 번갈아 바라보며 망설이자 서처프트가 어깨 너머로 말했다.

"걱정 마라. 그 아이의 이름은 나심이야. 우물을 하루에 두 번 왕복하는 게 일과지. 오늘은 더 이상 오지 않을 거야."

그 말을 듣고 사이드는 서둘러 서처프트를 따라잡기 위해 종종걸음을 쳤다.

서처프트의 방 창문에서도 드넓은 사막이 보였다. 커다란 창문 밖으로 바로 앞에 있는 집 몇 채 그리고 마을과 사막의 경계에 심은 야자나무 여러 그루가 보였고 나무 너머에는 너울대는 파도처럼 첩첩이 쌓인 모래언덕이 끝없이 펼쳐졌다. 마치 한 폭의 그림처럼 아름다운 풍경이었다.

서처프트가 입을 열었다.

"사이드, 사람은 가만히 내버려두어도 저마다 행복을 찾으며 살아간단다. 내가 너에게 알려줄 건 '어떤 행복을 찾으며 살아야 하는가'에 대해서야.

사람들은 모두 행복해지기를 원해. 그래서 자신을 행복하게 만드는 일을 찾으며 살아가게 되지. '뭔가 좋은 거 없을까? 재미있는 일 없나? 뭘 하면 기분이 좋아질까?' 그렇게 자신을 행복하게 해주는 무언가를 끊임없이 찾으며 사는 거야. 그렇게 생각하는 건 인간이니 당연하다고, 모두 똑같다고 여기지.

하지만 그렇게 편리하고 좋은 건 그리 쉬이 나타나지 않아. 그래서 사람들은 좀처럼 행복을 느끼지 못하고 이 세상은 시시하고 불편하다며 불평하고 괴로워하게 되지.

그런데 세상에는 아주 적기는 하지만, 일반적으로 사람들이 원하는 것과는 조금 다른 무언가를 찾으며 사는 사람도 있어. 바로 나 아닌 다른 누군가를 행복하게 만들기를 원하는 사람들이지. 그런 사람들은 자신이 기쁨을 줄 수 있는 누군가를 찾으며 살고 있어. '뭔가 도움을 줄 수는 없을까? 내가 즐거움을 전해줄 사람은 없을까? 내가 누군가를 행복하게 해줄 수는 없을까?' 늘 그런 마음으로 사는 거야. 그게 어떤 사람들인지는 이미 알겠지? 세상 사람들이 현자라 부르는 사람들이자 인생에서 커다란 성공을 손에 넣은 사람들이야.

사이드, 나는 네가 무얼 찾으며 사는지 오늘 알게 되었어. 네가 너의 시간을 들여 하려고 한 일은 다른 사람을 도와 기쁘게 만드는 일이었지. 그때가 오기를 기다렸단다.”

“저기, 저는 우연히…… 저도 늘 하던 일이라 물 긷는 게 얼마나 힘든지 잘 알아서 그냥…….”

“하하, 그렇게 겸손하게 굴지 않아도 돼. 의식이든 무의식이든 그런 행동을 했다는 데 의미가 있으니까. 위대한 힘이 이날을 위해 평소 물을 긷게 했던 거라고 생각하렴. 그 퍼즐 조각을 오늘 올바르게 쓴 것뿐이지.

다른 사람도 그 소년의 모습을 보면 도와줘야 하나 고민할 거야. 내가 대신 해주면 좋을 텐데 하고. 하지만 그걸 곧장 행동에 옮기는 사람은 거의 없어. 이래저래 생각하느라 바쁘지. ‘굳이 내가 아니어도 될 텐데, 움직이면 땀이 나잖아, 오늘은 나도 피곤하니까’라고 말이야.

이 마을 사람들 가운데 나심을 모르는 이는 없고 그 작은 몸으로 물을 긷는 게 무척 힘들다는 사실도 잘 알 테지만, 실제로 아이를 도우려고 행동에 나선 사람은 내가 아는 한 네가 처음이란다."

사이드는 조금 부끄러운 듯 모자 안으로 손을 집어넣어 머리를 긁적였다. 그리고 진심으로 생각했다. 의식적으로든 무의식으로든 그 우물로 가기를 잘했다고. 날마다 물을 길은 덕에 그 일이 얼마나 고된지 잘 알아서 다행이라고.

그 모습을 보고 일곱 번째 현자 서처프트는 웃으며 말을 이었다.

"사막을 여행하는 사람에게 오아시스는 천국이야. 외부와 격리된 독자적인 하나의 세계지. 그리고 각각의 오아시스에는 저마다 규칙이 있단다. 그걸 정하는 게 오아시스의 우두머리이고, 규칙을 따르지 않는 사람은 아무것도 얻지 못한 채 오아시스에서 쫓겨나지. 그렇게 정해져 있어.

그건 곧 죽음을 뜻해. 가장 가까운 오아시스로 가려도 최소 열흘은 걸릴 테니까. 어지간히 운이 좋지 않고서야 죽음은 피할 수 없지."

서처프트는 자리에서 일어나 창문으로 다가가더니 사막을 손가락으로 가리키며 말하기 시작했다.

"이 방향으로 15일쯤 가면 오아시스 하나가 있어. 이 마을 사람들은 그곳을 동쪽 오아시스라 부른다. 그곳에는 800명 정도 되는 사막의 주민들이 살고 늘 카라반(사막, 초원 같이 교통이 발달하지 않은 지역에서 낙타 등의 짐승에 짐을 싣고 이동하며 교역을 하는 상인 집단을 말한다)이 오고 가지.

동쪽 오아시스의 우두머리는 그곳에서 생활하려면 한 가지 규칙을 지켜야 한다고 정해두었어. '자신의 행복만을 간절히 바랄 것. 오로지 자신이 즐겁고 편안하게 살 수 있도록 자신을 행복하게 만들어주는 일만 찾으며 살 것.' 그게 규칙이야. 동쪽 오아시스에 사는 사람들은 모두 이 규칙에 따라 살고 있어.

길을 걷는 사람들도 다른 사람을 방해하면 안 된다는 생각은 전혀 하지 않지. 그저 자신이 걷고 싶은 대로 걸을 뿐이야. 우물을 쓸 때도 마찬가지야. 다음에 쓸 사람을 배려하려는 생각은 조금도 하지 않아. 오로지 자기가 쓰기 편한 방법대로만 사용하지. 돈도 자기가 가장 많이 벌 수 있도록 뭐가 됐든 처음부터 끝까지 자신에게 가장 득이 되는 길을 찾으려고 안간힘을 쓴다. 동쪽 오아시스에서는 그렇게 800명의 주민들이 모두 자기 자신의 행복만 생각하고 추구하며 살고 있어."

그리고 이번에는 동쪽 오아시스가 있는 방향의 맞은편 사막을 가리키며 현자가 말을 이었다.

"한편 이쪽으로 15일쯤 가면 다른 오아시스가 있어. 서쪽 오아시스지. 서쪽 오아시스는 주민이 200명쯤 되는 작은 마을인데, 오아시스의 우두머리는 이런 규칙을 정해두었어. '타인의 행복만을 절실히 바랄 것. 오로지 다른 사람이 즐겁고 편안하게 살 수 있도록 타인을 행복하게 만들어주는 일만 찾으며 살 것.' 이게 규칙이란다. 사이드, 네가 둘 중 한 오아시스에 살아야 한다면 어디를 고르고 싶니?"

"서쪽이요."

사이드는 조금도 망설이지 않고 곧장 대답했다.

"오, 어째서 그렇지?"

"동쪽 오아시스는 분명 거리가 지저분하고 인간관계를 맺기도 어려울 것 같아요. 결국 한시도 마음 놓고 살 수 없을 거라는 생각이 들어요. 반면 서쪽 오아시스는 다른 사람을 위해 애써야 하지만, 거리가 무척 아름다울 테고 친구도 쉽게 사귈 수 있을 것 같고요. 저는 그런 곳이 더 좋아요."

서처프트는 고개를 깊이 한 번 끄덕이고는 이어서 말했다.

"바로 그거야. 실제로 마을의 모습은 네가 말한 그대로란다. 동쪽 오아시스의 모든 공공장소는 모조리 지저분하지. 다툼도 끊이지 않아. 하지만 서쪽 오아시스는 모든 곳이 깨끗하고 아름다워. 모두 힘을 합쳐 평화로운 마을을 만들고 있지. 물론 서로 사이도 좋고. 서쪽 오아시스의 삶이 훨씬 행복하다는 건 명백한 사실이야.

이유는 아주 단순해. 동쪽 오아시스에 살면 800명 가운데 나를 행복하게 만들려고 애쓰는 사람은 오직 나 하나뿐이지. 하지만 서쪽 오아시스에 살면 나를 기쁘게 하려고 애쓰는 사람이 199명이나 되는 셈이니까 당연히 서쪽 오아시스에서의 생활이 훨씬 더 행복하겠지."

단순한 논리이기는 했지만, 사이드는 왠지 모르게 수긍이 가서 말없이 고개를 끄덕였다.

"동쪽과 서쪽의 오아시스는 이토록 사고방식이 달라. 그럼 두 오아시스의 사이는 어떻게 될까?"

"당연히 나빠지겠죠."

이번에도 사이드는 곧장 답했다. 하지만 서처프트는 좀 전과 달리 고개를 저었다.

"의견이 다르면 적대시하는 게 마땅하다고 생각할 수도 있지만 웬걸, 사이가 아주 좋단다. 서로 한 오아시스에서 함께 살고 싶다고 생각할 정도로 말이야. 어떻게 이토록 사이가 좋은지 궁금하지 않니? 그건 수요와 공급의 관계가 생겼기 때문이야. 동쪽 오아시스에서는 800명 모두가 늘 자신의 행복만 바라며 살고 있어. 하지만 그런 환경에서 자신을 기쁘게 만드는 일을 찾기란 몹시 어렵지. 그래서 사람들은 돈을 내서라도 즐거움을 주는 오락을 손에 넣으려 하지만, 동쪽 오아시스에는 그런 것마저 없어. 원체 다른 사람을 즐겁게 하려는 사람이 없으니까.

그런데 1년에 딱 한 번 서쪽 오아시스에서 카라반이 찾아와. 동쪽 주민에게 서쪽 카라반은 엄청나게 매력적인 존재야. 자신을 행복하게 해주는 사람들이 모여 있으니까. 어떤 사람은 노래나 춤으로 사람들을 즐겁게 하고, 어떤 사람은 누군가에게 도움을 주어서 기쁘게 하지. 음식이나 보석으로 즐거움을 선사하는 사람도 있는가 하면 집을 깨끗하게 고쳐주는 사람도 있고. 어쨌든 돈만 내면 자신을 행복하게 만들어주는 사람들이 모여 있으니 모두 앞다투어 몰려들지. 그런 상황은 서쪽 주민에게도 기껍겠지? 어쨌든 동쪽 오아시스에는 자신을 기쁘게 해주기를 바라며 그들이 오기를 손꼽아 기다리는 사람이 아주 많으니까.

나는 두 오아시스의 우두머리들과 사이가 좋아. 그래서 예전에 오아시스를 방문했을 때 각 오아시스의 재산이 얼마나 되는지 물어보았지. 동쪽 오아시스에는 재산이 금덩이 200개 정도 있지만, 서쪽 오아시스는 재산이 금덩이 800개쯤 된다고 했어. 인구 수와 완전히 반대였지.

그럼에도 동쪽 오아시스에서는 서쪽 오아시스의 카라반이 찾아오기를 늘 고대해. 1년에 한 번쯤은 사치를 부려도 괜찮지 않느냐고 모두가 입을 모아 말하지. 동쪽 오아시스의 우두머리조차 서쪽 카라반이 오기를 손꼽아 기다릴 정도야. 그리고 서쪽 오아시스에서는 이번에는 또 어떻게 동쪽 오아시스의 주민들을 즐겁게 할지 열심히 궁리하고.

이 마을이나 네가 사는 곳에는 동쪽과 서쪽 오아시스에 있는 것 같은 규칙은 없어. 따라서 어느 쪽을 선택하든 선택하지 않든 상관없지. 그런데 사람들은 이미 자연히 어느 한쪽을 선택해서 살아가고 있어. 자신을 행복하게 하는 길과 타인을 행복하게 하는 길 중 하나를 말이야.

내가 사는 이 마을 안에도 땅을 가르는 경계선 따위는 없지만, 동쪽과 서쪽 오아시스가 모두 존재한단다. 이 마을에는 1,000명쯤 되는 사람들이 살고 있어. 그리고 누군가의 명령이나 규칙 없이도 무언가를 찾으며 살아갈지 스스로 선택했지. 결국 내 눈에는 이렇게 보인단다. 자신의 행복만 바라보며 사는 사람 800명과 다른 사람의 행복을 바라며 사는 사람 200명이 있다고 말이야. 이게 뭘 뜻하는지 알겠니?

이 마을의 전 재산 중 아주 작은 부분을 두고 거의 대부분의 사람들이 쟁탈전을 벌이고, 재산의 대부분을 나머지 20퍼센트의 사람들이 사이좋게 나누어 가지고 있다는 뜻이야. 물론 재산에만 한정된 이야기는 아니야. 행복이라는 막연한 감정 또한 그렇지.

자신의 행복을 바라는 사람에게 이 세상은 온통 괴롭고 뜻대로 되지 않고 즐거운 일이라고는 몇 없는 시련의 장일지도 모르지만, 다른 사람의 행복을 바라는 사람에게는 더할 나위 없이 즐겁고 기회로 넘쳐나는 눈부신 곳이란다.

이 마을뿐만이 아니야. 우리들이 사는 세상은 어디든 동쪽 오아시스와 서쪽 오아시스가 분명히 존재하지. 그리고 사람은 어느 오아시스에서 살지 스스로 선택할 수 있어.

같은 삶의 방식을 선택한 사람들의 유대는 땅의 경계마저 뛰어넘어 단단한 인연으로 서로를 이어주고 그들이 속하는 오아시스를 형성하지. '유유상종'이라는 말처럼 생각이나 삶의 방식에 이끌려 그 사람이 속하는 하나의 세계가 만들어지는 거야.

동쪽 오아시스와 서쪽 오아시스에서 살기 위한 규칙이 뭔지 기억하지? 네가 자신이 사는 세계 안에서 서쪽 오아시스의 주민과 같이 되고 싶다면 꼭 그 규칙을 따르렴. 주변 사람이 모두 자기 자신만 생각하는 동쪽 오아시스의 주민이라고 해서 '나도 그렇게 해야지'라고 마음먹으면, 결국 너도 동쪽 오아시스에 사는 셈이니까.

하지만 어제까지 동쪽 오아시스에 살던 사람이라도 다른

행복을 찾으며 살겠다고 결심하기만 한다면 세상은 180도 달라진단다. 다시 말해 사람은 언제든 서쪽 오아시스의 주민이 될 수 있다는 뜻이야. 그러면 그 주위에 있는 사람들도 느리지만 저절로 바뀔 거야.

개중에는 그 사람의 따뜻한 마음씨에 감화되어 나란히 서쪽 오아시스의 주민이 되는 오랜 친구도 있겠지. 생각이 달라서 다른 세계에서 따로 떨어져 살게 되는 친구도 있을지도 몰라. 하지만 새로 서쪽 오아시스에 자리를 잡으면 원래 그곳에 살던 새 친구를 사귈 수 있겠지.

서쪽 오아시스는 우리 사회 곳곳에 존재해. 사람들의 유대가 만드는 세계이니 경계선을 눈으로 확인할 수는 없지만, 주위 사람들을 즐겁고 기쁘게 만들고 싶어 하는 사람들이 모이는 세계는 분명 존재하지. 스스로 서쪽 오아시스의 주민이 되어 시간을 보내다 보면 서서히 깨닫게 될 거야.

물론 이런 이야기를 들어도 부정적으로만 생각하는 사람도 있겠지. '시시해. 그런 사람이 있을 리 없어', '그냥 동화 같은 이야기 아냐?', '실제 사회는 달라'라고 말이야. 안타깝지만 그건 그 사람이 동쪽 오아시스의 주민이기 때문에 그렇게 생각하는 거야. 자, 사이드. 이걸 받으렴."

서처프트는 사이드가 123명의 이름을 써서 건넨 종이와 퍼즐 조각을 내밀었다. 이름 옆에는 저마다 파란 글씨로 동쪽, 빨간 글씨로 서쪽이라고 적혀 있었다.

"이건…… 어, 어째서…….”

"네가 쓴 명단에 그 사람이 어떤 사람인지 답을 적었을 뿐이야. 내 힘은 아니란다. 퍼즐 조각의 힘을 이용하면 그 정도는 아주 쉬운 일이거든.”

서처프트는 웃으며 말했다. 이름들은 정확하게 그 사람의 성격대로 동쪽 오아시스와 서쪽 오아시스로 나뉘어 있었다.

"이 종이가 지금 네가 사는 세계란다. 지금 너의 세계에는 서쪽 오아시스의 주민이 제법 많은 듯하구나.”

서처프트는 미소 지으며 말한 다음 뒤돌아서서 사막을 바라보았다.

"앞으로 이 세상은 양극화가 더 심해질 거라고 하더구나. 나도 그 말이 맞다고 생각해. 사람들은 대부분 양극화를 빈부의 차가 벌어지는 일이라고 생각하지. 가진 게 많은 자는 점점 더 풍족해지고 가난한 자는 지금보다 더 궁핍해진다는 게 그들의 해석이야. 하지만 그건 결과일 뿐이지 올바른 해석은 아니란다.

앞으로도 동쪽 오아시스의 주민은 계속해서 불어날 테고 서쪽 오아시스의 주민은 상대적으로 줄어들 거야. 이게 바로 양극화의 진정한 의미란다. 나만 만족하면 된다고 생각하는 사람은 지금보다 많아지고, 자연히 타인을 행복하게 만들길 원하는 사람은 기회가 점점 더 많아지는 것에 불과해. 요컨대 세상의 양극화도 서쪽 오아시스의 주민에게는 널리 활약할 커다란 기회에 지나지 않아.

알겠니, 사이드? 과거의 현자들은 모두 그 사실을 알고 있었단다."

사이드는 이름이 적힌 종이를 내려다보며 천천히, 하지만 굳게 고개를 끄덕였다.

행복

✦ 사람은 어떤 행복을 찾으며 사느냐에 따라 크게 둘로 나뉜다.

✦ 하나는 스스로를 행복하게 만들 방법을 찾으며 사는 사람들이다.

✦ 또 하나는 다른 사람을 행복하게 만들 방법을 찾으며 사는 사람들이다.

✦ 무엇을 바라느냐에 따라 자신이 속하는 오아시스가 달라진다.

✦ 자기 자신의 기쁨과 즐거움만 좇으며 사는 동쪽 오아시스의 주민에게 이 세상은 무엇 하나 마음대로 흘러가지 않고 즐거운 일도 몇 없는 척박한 곳이다. 하지만 다른 사람의 행복을 위해 사는 서쪽 오아시스의 주민에게 이 세상은 만족과 기쁨으로 가득하고 즐거운 일도 많은 곳이다.

✦ 물론 지금 세상 사람들은 대부분 동쪽 오아시스의 주민이다.

✦ 그런 상황에서 서쪽 오아시스에 자리를 잡는다는 건 머리로는 좋은 일임을 알아도 행동에 옮기기가 쉽지 않다.

✦ 그러나 이 세상에서 성공을 거둔 사람은 모두 서쪽 오아시스의 주민이라는 사실을 잊어서는 안 된다.

Book of the Wise

여덟 번째
현자

사이드는 자신의 이름을 부르는 소리에 진료실 안으로 들어갔다. 이곳은 일곱 번째 현자 서처프트가 여덟 번째 현자가 있다고 알려준 병원이었다.

병원에 오는 길에 몇몇 사람에게 길을 묻다가 알게 됐는데 이 병원은 평판이 매우 좋았다. 특히 최근 들어 더 좋아진 듯했다. 선생님은 어려운 사람에게 늘 힘이 되어준다든지, 다른 병원에서는 낫지 않았던 병이 이곳에서는 말끔히 나았다든지, 만나는 사람마다 입을 모아 칭찬을 해서 불쑥 네 번째 현자의 이야기가 떠올랐다.

'그 의사 이야기는 실화였고 어쩌면 이 병원의 의사가 여덟 번째 현자일지도 몰라.'

사이드는 뱃속이 텅 비어 현기증이 나는 것 외에는 딱히 아픈 곳이 없었지만, 아무래도 그 의사를 만나려면 진료실에 들어가는 게 가장 쉬운 방법일 듯해 접수를 해두었다. 역시 평판이 좋은 병원인 만큼 대기실은 환자들로 붐볐다. 그렇게 얼마간 기다리다가 드디어 사이드의 차례가 되었다.

문을 열고 안으로 들어가자 입구를 등지고 진료 기록부에 뭔가를 기록하던 의사가 의자를 빙그르르 돌려 사이드 쪽으로 돌아앉았다. 한눈에 봐도 사람 좋아 보이고 풍채도 좋은 그는 밝게 웃으며 인사했다.

"네가 사이드구나. 자, 여기 앉으렴."

그렇게 말하고는 자기 앞에 있는 의자를 가리켰다. 사이드는 그의 말대로 의자에 앉았다.

"자."

"네?"

"진찰해야 하니 윗옷을 올려줄래?"

"아, 네."

"……그래, 이번에는 뒤를 돌아보자. ……이번에는 입을 벌려 안을 보여주고…….."

의사는 사이드를 한차례 진찰한 뒤 진료 기록부에 한두 줄 뭔가 적은 다음 다시 한번 사이드를 보고 말했다.

"음, 보아하니 나쁜 곳은 없어 보이는데, 무슨 일로 왔니?"

"저기…… 저는…… 세계를 여행하는 중인데, 그…… 어떤 사람이 여기에 오면……."

의사는 별안간 큰 소리로 웃기 시작했다.

"하하하! 그랬구나. 그러고 보니 꽤나 배가 고파 보이더구나. 누군가에게 들은 모양이지? 이 병원에 오면 밥을 공짜로 먹을 수 있다는 소문을 말이야."

"엇…… 아뇨, 그게 아니라……."

"괜찮아. 영양이 좀 부족한 상태이기도 하니 말이다. 여행하는 중이라면 제대로 쉬기도 어려울 테지. 침대에 누워서 잠시 쉬고 가려무나. 기운이 나는 식사도 내줄 테니."

"저는, 저기, 그럴 생각은……."

"걱정할 필요 없어. 돈은 받지 않을 테니까."

사이드는 반쯤 강제로 침대가 놓인 방으로 안내받아 자리에 눕고 말았다. 침대에 눕자마자 신기하게도 사이드는 자기도 모르는 사이 깊은 잠에 빠져버렸다. 당연한 일이었다. 여행하는 도중에는 이렇게 편안한 침대에서 쉴 일이 거의 없었기 때문이다. 게다가 최근 며칠 동안 계속 걸은 참이기도 했다.

잠들기 직전, 사이드는 생각했다.

'저 의사 선생님은 여덟 번째 현자가 아닌 걸까…….'

"……사이드, 사이드."

사이드는 자신을 부르는 소리에 눈을 떴다.

"식사 준비가 끝났단다."

"아…… 네."

간호사 한 명이 식사를 가져다주고 방 한쪽에서 차를 끓이고 있었다. 사이드는 상체를 일으켜 침대 위에 앉았다. 그녀는 사이드에게 차를 내밀고는 침대 옆에 놓인 의자에 걸터앉으며 말했다.

"네가 사이드구나. 만나서 반가워. 난 워즈워스Wordsworth라고 해."

"아…… 안녕하세요."

"남자 이름 같다고 생각했지? 괜찮아. 예전에는 나도 그래서 싫어했는데, 지금은 마음에 들거든. 자, 어서 먹어. 배고프지?"

사이드는 조금 망설였지만 사실은 배가 너무 고팠다. 결국 꾸벅 고개를 숙인 다음 엄청난 기세로 밥을 먹기 시작했다.

워즈워스는 그 모습을 웃으며 바라보았다. 사이드는 신경이 쓰여서 그녀에게 몇 번 눈길을 주었으나 그녀는 뭔가 신기한 걸 보듯이 시종일관 웃는 얼굴로 사이드에게서 눈을 떼지 않았다.

몇 번째로 눈이 마주쳤을 때 그녀가 말했다.

"서두를 필요 없어. 천천히 먹으렴."

사이드는 다시 한번 고개를 끄덕였지만, 입은 끊임없이 움직이고 있었다. 이윽고 준비된 식사를 깨끗이 비운 뒤 사이드는 후 하고 숨을 내쉬었다.

"더 먹을래?"

"아뇨, 이제 충분해요."

"그래, 그럼 정리할게."

"저기…… 당신은…….."

"너에 대해서는 이미 알고 있어, 사이드. 오늘 여기 온다는 사실도. 그리고 네가 《현자의 서》를 완성하기 위해 여행 중이라는 사실도 말이야."

"그럼 당신이 여덟 번째 현자이신가요?"

"의외니? 내가 여자여서? 아니면 의사가 아니라 간호사라서?"

"아뇨. 그게, 여기 오는 동안 의사 선생님에 대한 칭찬을 여러 번 들어서 틀림없이 그 선생님이 여덟 번째 현자인 줄 알았는데 만나 보니 아무래도 아닌 듯해서……."

"선생님은 아주 훌륭한 분이셔. 정말 멋진 의사시지."

"네, 그게…… 그런 뜻으로 한 말이 아니라……."

"후후, 알아. 그럼 이제 배도 채웠으니 슬슬 내 이야기를 시작해볼게."

사이드는 워즈워스를 향해 몸을 돌렸다.

"내가 해줄 이야기는 네가 성공한 인생을 살려면 반드시 알아야 할 내용이야. '인생에서 성공을 거둔다는 건 무슨 뜻인가'라고 물으면 많은 사람이 이렇게 대답해. '성공했다고 다른 사람들이 인정하는 것'이라고 말이야.

하지만 그건 올바른 생각이 아니야. 그것만으로는 진정으로 성공했다고 볼 수 없어. 무엇보다 중요한 건 '스스로가 성공했다고 인정하는 것'이야. 아무리 사람들이 성공했다고 말해도 자기 자신이 그렇게 생각하지 않으면 결코 성공한 인생이라고 말할 수 없어. 반대로 다른 사람이 뭐라 말하든 스스로 성공한 인생이라고 인정할 수 있다면, 그 사람은 성공을 거머쥔 사람이 되지.

행복도 마찬가지야. 다른 사람이 네가 행복하다고 생각해도 너 자신이 행복하다고 느끼지 않으면 기쁘지도 즐겁지도 않겠지. 반대로 다른 사람이 네가 불행한 사람이라고 말해도 너 스스로가 행복하다고 느끼는 한, 넌 누가 뭐라 해도 행복할 거야."

사이드는 천천히 고개를 끄덕였다.

"스스로 자기 자신은 행복하고 성공한 인생을 살고 있다고 생각하려면 반드시 알아둬야 할 게 있어. 그건 말이지, 무엇이 인생을 만드느냐 하는 거야."

"무엇이 인생을 만드느냐?"

"그래. 인생은 무언가에 의해 만들어지지. 그게 뭔지 아니?"

"행동인가요?"

"맞아. 행동도 인생을 만드는 것 중 하나야. 혹은 이렇게 말하는 사람도 있어.

'인생이란 작은 것부터 큰 것까지 끊임없는 선택의 연속으로 만들어진다. 즉, 결단이 인생을 만든다.'

이런 생각이 틀린 건 아니야. 분명 맞는 이야기니까. 하지만 난 좀 더 기본적인 게 인간의 인생을 만든다고 생각해. 행동도, 선택과 결단도 결국 그것의 결과일 뿐이고.

"그게 뭔가요?"

"그건 바로 '말'이야. 사람이 매일 쓰는 말이 우리의 인생을 만들지. 먼저 그걸 온전히 이해하는 게 가장 중요해.

말은 많은 걸 움직여. 의식적으로든 무의식적으로든 네가 평소 쓰는 말에 사람들이 이끌리기도 하고 멀어지기도 하거든. 요컨대 말은 만남과 이별을 낳는 셈이야. 말이 행동을 낳고, 말에 의해 어떤 선택을 하고 결단을 내리지.

사람은 말한 대로 된다고 이야기하곤 해. '너는 배신자야'라는 말을 계속 들으면 그렇지 않은 사람도 언젠가 기어이 배신을 저지르게 되고, '넌 엄청난 재능이 있어'라는 말을 들으며 자란 아이는 그 말처럼 재능을 펼치며 살아가게 되지.

이곳에 있다 보면 말이야, 말이란 온갖 걸 만들어낸다는 사실을 자연히 알게 돼. 사람의 목숨을 빼앗는 걸 병기라 부른다면, 말은 병기가 되기도 해. 아무리 건강한 사람이라도 명의에게 진찰을 받을 때 의사가 잠시 골똘히 생각하다가 '이미 틀렸어. 상태가 심각한데……'라고 말한다면 어떨까? 그 한마디만으로 갑자기 머리가 어지러워지고 두통과 구역질이 나고, 심한 경우에는 위에 구멍이 생겨서 더 이상 건강하지 않은 상태가 될 수도 있어. 이 사람의 건강을 빼앗은 건 병이 아니야, 말이지. 사람은 병 때문에 살아갈 희망을 잃는 게 아니라 말 때문에 살아갈 희망을 잃어버려.

물론 말을 잘 쓰면 살고자 하는 의지와 용기를 줄 수도 있어. 어지간히 아픈 병이라도 의사에게 '괜찮다, 금방 낫는다'

라는 말을 들으면 그 어떤 약보다도 효과가 크거든.

병뿐만이 아니야. 이를테면 사람의 행운과 불행도 마찬가지지. 사람들은 어떤 결과에 대해 운이 좋다, 운이 나쁘다는 말을 자주 입에 담아. 하지만 그렇게 생각하는 건 오직 본인뿐이야. 그 사람을 잘 아는 사람, 그러니까 주위 사람이 보기에는 틀림없이 운도 무엇도 아니라 그 사람의 평소 행실이 불러온 당연한 결과에 불과할 거야. '허구한 날 그런 말을 입에 달고 사니 당연히 그렇게 되지', '언젠가 그렇게 될 줄 알았어', '자업자득이네' 같은 말을 들을 정도로 그 사람의 말에서 비롯된 마땅한 결과일 뿐이건만 본인만 운 때문이라고 생각하며 지내는 거야."

"확실히 많은 사람이 운 때문이라고 말하는 건 사실은 결코 운이 아니라 당연한 결과인 것 같아요."

사이드는 자신의 경험을 바탕으로 그렇게 말했다. 어른들은 어째서 그렇게 금방 운을 탓하는지 모르겠다고 오래전부터 생각해왔기 때문이다.

사이드와 같은 마을에 사는 사람 중에는 제대로 일도 하지 않고 일자리가 생겨도 금방 그만두는 데다 집에서 술이나 마시며 가족에게 큰소리로 호통을 치는 사람이 적지 않았다. 그들은 일이 잘 풀리지 않을 때마다 남 탓을 하며 '나는 운이 나빠'라고 말했다.

사이드가 보기에는 이상하기 짝이 없었다. 사실은 그들도 운이 나빠서가 아니라 자신의 잘못임을 알고 있을 터였다. 하지만 책임을 회피하고 싶어서 자신의 인생이 고된 이유를 운 탓으로 돌리는 것이다. 그렇게 생각하는 수밖에 없었다.

"실제로 그 사람에게 일어나는 일은 운이 좋아서도 운이 나빠서도 아니야. 그저 그 사람에게 필요한 일이라서 일어나는 것뿐이지."

"반드시 필요한 퍼즐 조각이군요."

"맞아. 그리고 그런 사건들을 끌어당기는 게 행동이고, 인간의 모든 행동을 결정짓는 게 바로 말이야. 우리의 마음은 우리가 날마다 듣는 모든 말의 영향을 받아 만들어져. 취사선택 없이 모두 받아들이지. 자기도 모르는 사이에 전부 다 말이야.

인간은 말하는 대로 된다고 이야기했지? 그 사람이 원하든 원치 않든 자신이 자주 반복하는 말처럼 변해버리는 이유는 우리의 마음이 모든 걸 그대로 받아들이기 때문이야. 그렇게 만들어진 마음으로 우리는 많은 선택을 하고 어떤 행동을 할지 결정하며 자신의 인생을 만들어가지. 그렇게 생각하면 자신의 주위를 어떤 말로 채우는지가 인생을 만드는 아주 중요한 요소라는 사실을 알 수 있을 거야.

'넌 재능이 눈곱만큼도 없어'라는 말을 계속 들으면 아무리 멋진 재능을 타고났어도 능력을 꽃피우지 못해. 그런 환경에 스스로를 가두는 인생만은 반드시 피해야 한다는 뜻이지.

물론 환경을 스스로 선택하지 못하는 경우도 있어. 태어난 환경을 고르지 못하는 것처럼 말이야. 하지만 그건 사실 내 주변을 채운 말들의 일부에 불과해. 네가 더 진지하게 생각해야 하는 부분은 따로 있지. 마음은 귀로 듣는 모든 말로부터 영향을 받아 만들어진다고 했지?"

사이드는 고개를 끄덕였다.

"말에는 두 가지 종류가 있어. 하나는 입에서 소리가 되어 나오거나 귀로 들을 수 있는 말. 또 하나는 밖으로는 나오지 않는, 자신의 마음속에서만 울리는 말. 물론 그건 생각이라고도 불리지만, 아무리 머릿속에서 이루어지더라도 언어를 이용해 표현하는 한 그게 말이라는 점은 틀림없으니까.

그렇다면 네가 인생을 살면서 그 무엇보다 가장 많이 그리고 가장 강하게 영향을 받는 건 누구의 말인지 짐작이 가겠지?

맞아, 바로 너 자신이야. 네 말을 가장 많이 듣는 사람은 너 자신이지. 그리고 넌 그 누구의 말보다도 자기 자신의 말에 가장 큰 영향을 받으며 인생을 만들어가고 있어.

사이드, 너는 실제로 네가 입에 담는 말도, 마음속으로 하는 말도 모두 듣고 있단다. 그리고 마음은 그 모든 말로부터 영향을 받으며 모양을 갖추고 있지. 너의 주위를 가득 채운 말의 대부분은 네가 스스로 한 말이라는 뜻이야.

넌 지금까지 일곱 명의 현자를 만나 현자로서 성공한 인생을 살기 위해 무엇이 필요한지 배웠을 거야. 그렇지? 그럼에도 네가 평소 쓰는 말이 현자들의 가르침과 어긋나거나, 그들의 가르침은 이해했지만 과연 자신이 그렇게 실천할 수 있을지 마음속으로 의심하는 말을 한다면 결코 현자라 불리는 사람이 될 수 없어. 무엇보다 너는 너 자신의 말에 가장 큰 영향을 받을 테니까. 네가 만난 일곱 현자의 말보다도 훨씬 더 큰 영향을 말이야."

사이드는 또다시 굳게 고개를 끄덕였다.

"그럼 이제 인생을 만드는 게 무엇인지는 이해가 되었지? 그 점을 이해하는 게 성공과 행복을 모두 거머쥐었다고 스스로 인정하는 데 반드시 필요하다는 이야기도 했어. 너는 오늘 이 순간, 설령 아무것도 손에 쥐지 못했더라도 이미 인생에서 성공을 거두었다는 사실을 알아야 해.

너뿐 아니라 모든 사람이 그렇지. 내면에 위대한 힘을 부여받고 성공이 기다리는 여행길에 올랐으며, 슬픈 순간도 기쁜 순간도 있겠지만 행동에 나설 때마다 훗날 커다란 비전을 완성하는 데 필요한 조각 하나를 반드시 손에 쥘 수 있어. 그런 나날을 성공이라 부르지 않으면 무엇을 성공이라 부를까? 이 진리를 이해한다면 누구든 지금 이 순간, 자신의 인생을 성공한 삶이라 확신할 수 있을 거야. 아니, 반드시 그렇다고 믿어야만 해.

그 사실을 올바르게 이해한 사람은 설령 지금 손안에 아무것도 없다 해도 자신이 성공했고 행복하다고 인정하며 그 말을 마음속으로 계속 되뇔 수 있지. 그러면 그 사람은 결국 자신의 말을 듣고, 마음의 모양을 다듬고, 나아가 성공한 인생을 만들 수 있어."

워즈워스는 간호사복 주머니에서 파랗게 빛나는 퍼즐 조각을 꺼내 사이드에게 보여주었다.

"뭔가 득을 보았다든지, 좋은 점이 있었다든지, 그런 실리가 없으면 만족이나 행복을 느끼지 못하는 사람들은 특별할 것 없는 하루를 성공하고 행복한 하루라 여기기 어려울지도 몰라.

하지만 그렇다 해도 그 사람이 생각하거나 입 밖에 내는 말이 그 사람의 인생을 만든다는 사실에는 변함이 없어. '내 인생은 불행해', '운이 너무 없어', '성공은 나와 거리가 멀지' 마음속으로 이런 말들만 밤낮없이 되풀이하는데, 그와 반대로 멋진 삶이 찾아오기란 불가능한 일이거든.

그러니 만에 하나 도저히 지금 내가 성공했다고 믿을 수 없거나 행복하다고 느끼기 어려운 하루를 보냈더라도, 성공한 사람이라면 그럴 때 어떤 말을 하고 어떤 말을 머릿속으로 떠올릴지 우선 생각해보았으면 해. 내가 꿈에 그리던 사람이 되었다고 상상하며 말하는 거야. 그 말을 따라 진짜 성공이 곁에 바싹 다가올 테니까.

우리는 살아가면서 세상 사람이나 자기 자신에게 좋은 영향을 주는 말을 할 수도 있고, 나쁜 영향만 주는 말을 하며 살 수도 있어. 이왕이면 사람들에게 용기, 기운, 감동을 주고 좋은 걸 만들어내는 데 말을 쓰는 편이 훨씬 좋지 않을까? 물론 자기 자신에게도 말이야."

워즈워스는 그렇게 말한 다음 사이드에게 퍼즐 조각을 건넸다.

"걱정 마세요. 저는 지금 제 인생이 멋지게 성공을 거둔 행복한 삶이라고 믿으니까요."

"그런 모양이구나."

워즈워스는 또랑또랑 빛나는 사이드의 눈을 보고 그렇게 확신했다.

"나도 누가 뭐라 하든 내 인생이 멋지게 성공한 삶이라고 생각해. 훌륭한 선생님 곁에서 힘을 보탤 수 있고, 무엇보다 지금 하는 일은 바로 이 일을 하기 위해 내가 세상에 태어났다고 진심으로 믿을 수 있는 일이거든. 그래서 나는 이 세상 누구에게도 뒤지지 않을 만큼 행복해."

"이 병원은 워즈워스 씨가 온 뒤로 평판이 좋아진 거였군요."

"그건 아니야, 사이드. 여기 있는 모두가 힘을 합쳤기 때문이지."

워즈워스는 웃으며 그렇게 대답했다.

말

✦ 인생은 말에 의해 만들어진다.

✦ 한 사람에게 일어나는 모든 일은 그 사람이 소리 내어 말하거나 마음속으로 떠올린 말에 의해 나타난 당연한 결과에 지나지 않는다.

✦ 그리고 인간이 가장 많이 듣는 말은 다른 누군가의 말이 아니라 자기 자신의 마음의 소리다.

✦ 사람은 자기 자신의 말을 다른 누구의 말보다 가장 많이 듣고 가장 큰 영향을 받으며, 자신이 한 말과 같은 방향으로 살아가게 된다. 따라서 미래에는 오늘 스스로에게 한 말과 똑같은 삶이 자신을 기다리고 있는 것이나 마찬가지다.

✦ 그러므로 오늘 하루 머릿속으로 떠올리거나 입에 담는 말은 훗날 반드시 성공할 사람이 쓸 만한 말이어야 한다.

✦ 지금 자신이 이미 성공한 삶, 모든 행복을 손에 쥘 수 있는 삶 가운데에 있다고 인정하자. 그런 말을 스스로에게 끊임없이 들려주면 틀림없이 더 큰 성공을 이룰 수 있다.

Book of the Wise

발견

사이드가 건네준《현자의 서》는 여덟 번째 현자의 가르침 이후로 책장이 모두 텅 비어 있었다.

알렉스는 지금까지의 내용을 모두 단숨에 읽어버렸다. 사이드가 이제껏 경험하고 배워온 가르침들은 알렉스에게 하나같이 놀라운 내용이었기에 감동을 금할 길이 없었다.

"이렇게 훌륭한 가르침을 이렇게나 어린아이가, 그것도 이렇게 고생하면서 배웠다니……."

옆에서 잠든 사이드의 모습을 보면 현자 한 사람 한 사람의 가르침을 읽을 때마다 느꼈던 감정이 북받쳐 올라 몇 번이나 뜨거운 눈물이 뺨을 타고 흘렀다.

50년이 넘는 세월 동안 자신이 행복을 손에 넣기 위해 나름대로 해온 노력이 대부분 잘못된 일이었음을 이제야 깨달았다. 그동안 알렉스는 자신이 운이 나쁜 사람이라고 믿었다. 열심히 사는데도 불구하고 성공이나 행복과는 인연이 먼 인생이었다. 특히 지난 몇 년 동안은 좋은 일이 부쩍 줄어들었다. 하지만 《현자의 서》는 오늘 자기 자신의 모습이 마땅히 존재해야 할 모습이라는 사실을 일깨워주었다.

알렉스는 성공을 좇아 그때그때 노력은 했지만, 자꾸 실패가 이어지니 어느새 행동할 의지조차 잃어버리고 덧없는 나날을 반복하며 살아왔다. 그러는 사이 자신이 아무런 가치도 없는 인간처럼 느껴지기 시작했다. 그런 주제에 자존심만 세서 자신의 체면을 지키는 데만 신경 쓰고 다른 사람이 가진 걸 자신도 손에 넣는 게 행복인 양 생각했고 어떤 일을 하면 득을 볼 수 있을지만 줄곧 생각했다.

그렇게 몸담은 회사에서도 '그때 그렇게 할걸', '그래서 난 성공할 자격이 없는 거야'라고 과거를 후회하거나 '앞으로 회사에서 잘리면 어쩌나', '경기가 좋지 않아 대출금을 갚지 못하게 되면 어쩌나' 하고 아직 일어나지 않은 미래를 걱정하기 바빴다. 결국 오늘 하루를 있는 힘껏 살아가려는 마음을 완전히 잃어버렸다.

미래에 대한 불안을 조금이나마 덜어내려고 죽을 둥 살 둥 일해서 돈을 벌고 저축하려 애썼지만, 결국 예상치 못한 지출이 생겨 모은 돈도 몽땅 사라졌다. 애쓰며 살고 있으니 자신에게도 뭔가 좋은 일이 일어날지도 모른다며 스스로를 행복하게 해줄 무언가를 덧없이 찾아 헤매는 나날이었다. 그러나 결국 찾지 못하고 없는 돈을 털어 오락으로 즐거움을 얻으려 했다. 그리고 자신에게만 찾아오는 불행을 향해 마음속으로 그리고 소리를 내서 불평을 내뱉으며 끊임없이 스스로에게 들려주고 있었다.

알렉스는 조용히 눈을 감았다.

'이렇게 어리석을 수가. 나는 어쩜 이리도 어리석은 인간이었는지.'

그런 생각이 들었지만, 마음속은 눈부시게 맑았다. 많은 게 또렷이 보이는 기분이었다.

그래, 어제까지의 자신은 분명 어리석었다. 하지만 오늘부로 자신이 새롭게 다시 태어났다는 실감이 나서 무엇보다 기뻤다. 연못의 수면을 어루만지며 숲에서 불어온 바람이 뺨을 타고 흐르는 눈물에 닿자 이루 말할 수 없을 만큼 상쾌한 기분이 들었다.

"그러고 보니 열네 살 때 친구들 사이에 끼지 못하고 혼자 울적하는 내게 아버지가 이렇게 말씀하셨지. '알렉스, 이런 말이 있단다. 인생은 좋은 카드를 받아 게임을 해서 재미있는 게 아니다. 나쁜 패를 손에 쥐고도 어떻게 게임에서 이길 것인가 고민하는 것, 그것이 바로 인생의 재미다'라고. 나는 아버지께 자기 일이 아니라 그런 소리를 할 수 있는 거라고 소리치면서 주어진 퍼즐 조각을 내팽개쳤고, 결국 이 공원에 오게 된 거였어. 죄송해요, 아버지. 저는 너무 늦게 깨달았어요. 이 나이가 되어서야 겨우 깨닫다니……. 이제 처음부터 다시 시작하는 거야."

알렉스는 눈을 감은 채 지금까지 자신에게 일어난 일들을 하나하나 떠올렸다. 이곳저곳 떠돌아다녀야 했던 아버지의 직업, 자신을 따돌린 친구들, 수다스러운 아내, 집 대출금, 자신을 아껴준 전 사장과 자신을 내쫓으려 하는 현 사장, 그가 내준 굴욕적인 업무, 회사에 감사 편지를 보낸 이 마을의 이름 모를 주부 그리고 인생에서 만난 모든 일이 퍼즐 조각이 되어 자신을 이곳으로 데려와주었다는 사실에 진심으로 감사했다. 어느 조각 하나만 없었더라도 오늘 이 순간, 이곳에서 사이드라는 소년을 만나지 못했을 것이다.

알렉스는 어제까지 자신을 괴롭게만 만들었던 일들 하나하나에 마음속 깊이 감사했다. 마음속으로 고맙다고 몇 번이고 되뇌며 사람들의 얼굴을 하나하나 떠올렸다. 머릿속에 떠오른 그를 따돌렸던 소년들의 얼굴도, 회사 사장의 얼굴도 모두 웃음을 띠고 있어 마치 알렉스에게 환히 미소 짓는 듯 보였다.

"나는 사이드처럼 세계를 돌아다니지는 않았어. 줄곧 같은 곳에서 살아왔지. 하지만 인생이라는 여정에서 퍼즐 조각을 모으고 있었던 거야."

알렉스는 처음으로 깨달았다. 사람은 어디에 있든 무엇을 하든 인생의 여로에 있다는 사실을.

앞을 향한 채 눈을 감고 벅찬 표정으로 눈물짓는 알렉스의 옆얼굴을 어느새 잠에서 깬 사이드가 가만히 바라보고 있었다.

알렉스는 조용히 눈을 떴다. 나직이 깔린 구름은 여전히 짙었지만, 조금씩 기울기 시작한 해가 서쪽 하늘의 구름 사이로 빛줄기를 몇 가닥 뿜어내 무척 아름다운 광경이 펼쳐졌다.

알렉스는 왼쪽에서 자신을 바라보는 시선을 느끼고 천천히 고개를 돌렸다. 사이드가 진지한 눈빛으로 이쪽을 보고 있었다. 알렉스는 뺨을 타고 흐르는 눈물을 닦지도 않고 웃으며 말했다.

"사이드, 고맙다. 정말 고마워. 너는 세계를 여행하며 엉망이 되도록 고생해서 얻은 현자의 가르침을 아까워하지도 않고 내게 보여주었지. 정말 고맙다. 난 네가 완성하려는 이 《현자의 서》를 보고 내 인생의 과오를 깨달았어. 내가 얼마나 성공한 인생과 반대되는 삶을 살아왔는지 뼈저리게 느꼈어. 그리고 내 인생에 찾아온 불행들은 모두 나 자신이 낳았다는 사실도.

난 이미 쉰 살이 넘었어. 여기까지 와버렸으니 이제 어찌할 도리가 없다고 모든 희망을 단념하려 했지. 정말 한심하게도 아무것도 하지 못하고 뭘 해야 하는지도 모른 채 혼자가 되고 싶어서 모든 일을 뒤로하고 무작정 여기로 도망쳐 왔어.

하지만 지금은 마음이 완전히 달라졌어. 오늘부터 새로운 인생을 시작해도 늦지 않다고, 진심으로 그렇게 생각하게 되었거든.

물론 50년이 넘도록 인생에서 정녕 중요한 게 뭔지 알아채지 못하고 살아온 스스로가 어리석다는 생각은 지울 수 없어. 하지만 그것도 나쁘지 않겠다는 생각이 들어. 아니, 오히려 그래서 더 좋다고, 이런 나이기에 세상에서 할 수 있는 일이 있을 거라는 생각이 들어.

　그야 50년이나 되는 긴 세월 동안 중요한 사실을 깨닫지 못하고 산 사람의 의견이란 드물고 귀할 테니까. 그래, 이런 내 인생도 헛되지 않았던 거야. 내가 모은 조각들을 외면하지 않고 자세히 들여다보면서 맞추다 보면 아주 멋진 인생의 비전이 떠오를 거라고 진심으로 믿어. 정말 고마워. 모두 네 덕분이야, 사이드.

　내 마음이 이렇게 후련하다니 믿기지가 않아. 난생처음 느끼는 기분이야. 그래, 나는 오늘 네 덕에 다시 태어난 거야. 만약 그럴 수 있다면 나도 마지막 현자를 만나 너와 함께 가르침을 받고 싶어. 네가 긴 여정을 통해 배운 것들을 마지막 현자가 읽고서 어떤 판단을 내리고 어떤 말을 할지도 무척 궁금하고. 하지만 마지막 현자가 어떤 가르침을 주든 너는 내게 최고의 현자란다, 사이드. 누가 뭐라 말하든 내게 모든 걸 가르쳐준 최고의 현자는 바로 너야.”

　사이드는 언제부터인가 자세를 바로 하고 처음 알렉스를 만났을 때처럼 반짝반짝 빛나는 눈으로 그의 이야기를 듣고 있었다. 알렉스는 몰두해서 이야기하느라 전혀 눈치채지 못하고 있었지만, 말을 마친 직후 사이드의 변화를 알아차렸다.

이윽고 물기 어린 사이드의 두 눈에서 눈물이 뺨을 타고 흘러내렸다. 번쩍 정신이 든 알렉스는 자신이 눈물을 흘리며 이야기했다는 사실을 깨닫고 손바닥으로 자기 얼굴을 쓱쓱 훔친 다음 말했다.

　"사이드, 왜 그러니?"

　"알렉스 씨, 감사해요. 당신은 처음으로 저를 현자라고 인정해준 사람이에요. 그리고 알렉스 씨는 현자가 되려면 꼭 알아야 할, 제게는 없는 중요한 사실을 가르쳐줬어요. 정말 고마워요. 당신의 가르침을 제 것으로 만들어서 이제 저는 무사히 현자가 되기 위한 여행을 마칠 수 있어요."

　알렉스는 약간의 쑥스러움과 사이드의 말을 제대로 이해하지 못해서 비롯된 어리둥절함이 맞물려 조금 당황했다.

　"아, 아니…… 난 그냥 내 마음을 있는 그대로 말한 것뿐이야. 감사받을 일은 아무것도…… 더구나 네게 없는 걸 알려줬다니……. 앗, 그보다 마지막 현자는 언제 오기로 했니? 아직 여행을 끝낼 수 없잖아. 마지막 현자를 만나기 전까지는."

　"약속한 시간은 이미 지났어요. 좀 전에 제가 눈을 뜬 시간이 약속한 시간이었거든요. 그리고 마지막 현자는 약속대로 저를 만나러 와줬어요. 최고의 현자가 되는 데 필요한 가르침도 분명히 전해주었고, 제가 경험하며 채워온 《현자의 서》

를 읽고 저를 최고의 현자라고 인정해주었죠."

알렉스는 당황한 채 주위를 둘러보았다.

"사이드, 그게 무슨 말이니? 좀 전부터 여기에는 너와 나 둘밖에 없는걸. ……서, 설마 마지막 현자란 너한테는 보이고 나한테는 보이지 않는 거니?"

알렉스는 정말로 그럴지도 모른다고 걱정했다. 《현자의 서》 자체가 실제 사회에서는 이해할 수 없는 신비한 존재이기 때문이다. 아마 이 세상 누구도 자신이 본 불가사의한 광경을 믿지 못할 것이다. 알렉스 본인도 원래 유령이나 사후 세계, 초자연적 현상 따위는 전혀 믿지 않았다. 그런데 《현자의 서》가 지닌 힘을 본 순간부터 과학으로는 설명할 수 없는 현상도 믿을 수밖에 없게 되었다. 어쩌면 자신은 역시 현자를 만날 자격이 없기에 마지막 현자가 사이드에게만 보이는 모습으로 나타났을 거라고, 위대한 힘이라면 그 정도 재주는 쉽게 부릴 거라고 생각했다.

알렉스는 눈에 보이지 않는 걸 응시하듯 허공에 초점을 맞추고 어쩌면 자신에게도 현자가 보이지 않을까 궁금해하며 고개를 갸웃갸웃 기울였다. 그때 사이드가 천천히 오른손을 들어 집게손가락으로 알렉스를 가리키며 말했다.

"알렉스 씨, 당신이에요."

"뭐?"

"마지막 현자는 바로 당신이에요, 알렉스 씨."

"하하하, 사이드. 재미없는 농담이구나."

웃어넘기려 했지만 사이드의 표정은 진지함 그 자체였다. 알렉스도 곧 표정을 굳혔다.

"내가 현자가 아니라는 건 내가 가장 잘 알아. 무엇보다……."

계속 말하려던 순간 사이드가 자리에서 일어나 알렉스 쪽으로 한 걸음 다가왔다. 그러고는 그대로 펴고 있던 오른손 집게손가락을 알렉스의 왼쪽 가슴에 가져다 댔다.

"좀 전부터 여기가 희미하게 빛나고 있어요."

알렉스는 흠칫 놀라 고개 숙여 왼쪽 가슴을 내려다보았다. 양복 윗도리 안쪽에서 희미하기는 하지만 확실히 빛이 새어 나왔다.

알렉스는 머뭇머뭇 윗도리 안주머니로 손을 뻗었다.

"이, 이건!"

빛의 정체는 어제 집을 나설 때 비에 젖을까 봐 들고 온 자신의 우편물이었다. 봉투 안에서 푸르스름한 빛이 새어 나오고 있었다. 떨리는 손으로 봉투를 찢고 입구를 연 다음 안에 든 내용물을 왼손 위에 꺼냈다.

"퍼즐 조각……이야."

"당신이 마지막 현자라는 증거예요."

사이드는 그렇게 말하며 알렉스를 향해 손바닥을 내밀었다. 알렉스는 멍하니 입을 벌리고 넋을 잃은 표정으로 사이드의 손바닥 위에 자기 왼손 위에 있던 퍼즐 조각을 툭 떨어뜨렸다. 그리고 무릎 위에 있는《현자의 서》를 사이드에게 건넸다.

사이드는 다시 벤치에 앉아 숨을 크게 한 번 들이마시더니 받아 든 퍼즐 조각을 표지 한가운데 빈 공간에 천천히 끼워 넣었다. 알렉스가 건넨 조각은 빈칸에 완벽하게 맞아떨어졌다. 책 표지가 눈부시게 빛나며 강한 바람을 일으켰다. 사이드는 부르르 진동하는《현자의 서》를 양손으로 꼭 쥐고서 얼굴 앞으로 가져갔다. 퍼즐 조각 아홉 개를 모아 완성한 정사각형 캔버스에는 사이드의 비전이 나타난 듯했다. 사이드의 얼굴은 그곳에 떠오른 영상의 불빛을 받아 시시각각 갖가지 빛깔로 바뀌었다.

알렉스 쪽에서는 어떤 내용인지 보이지 않았다. 설령 보였다 해도 보지 않았을 것이다. 알렉스는 아직 뭐가 뭔지 모르겠다는 듯 어리둥절한 표정으로 사이드의 얼굴이 빛을 받아 알록달록 변하는 모습을 그저 멍하니 바라봤다.

10초도 채 되지 않았을지도, 어쩌면 30분 정도 계속되었을

지도 모른다. 정확한 시간은 모르지만, 알렉스에게는 몹시 긴 시간처럼 느껴졌다.

마침내 그것은 끝이 났다. 주변은 아무 일도 없었다는 듯 고요했다. 사이드는 지친 눈을 쉬게 하려는 듯 눈을 꼭 감고 깊이 숨을 쉬었다. 그러고는 자리에서 일어나 미소 띤 얼굴로 알렉스에게 돌아서서 《현자의 서》를 내밀었다.

"저는 이제 가보려고요. 해야 할 일이 분명해졌거든요. 그걸 지금 당장이라도 시작하고 싶어요."

알렉스는 상황의 변화를 전혀 따라잡을 수 없었다. 그저 잇달아 벌어지는 예상치 못한 일들을 멍하니 입을 벌린 채 바라보는 수밖에 없었다. 이따금 말이 되지 못한 소리를 내며 허둥지둥 변화를 쫓아가는 게 고작이었다.

"아니, 이걸 내가 받을 수는…… 이건 네가 열심히 여행을 해서……."

겨우 그렇게 말했지만, 사이드가 중간에 끼어들어 웃으며 말했다.

"이 책을 당신에게 건네지 않으면 제 여행은 끝나지 않아요. 《현자의 서》는 마지막 현자의 것이라는 걸 잊으셨어요?"

"아니…… 그게……."

알렉스는 어떻게 말해야 할지 몰라 망설이다가 일단 《현자의 서)를 받아 들었다. 사이드는 깊이 고개 숙여 알렉스에게 인사한 뒤 몸을 돌려 숲속으로 걸어가려 했다.

"사이드!"

알렉스는 사이드를 불러 세웠다. 무슨 말을 할지는 생각하지 못했지만, 부르지 않고는 견딜 수 없었다. 사이드는 뒤를 돌아보았다.

"비전은…… 네가 본 비전은 뭐였니?"

"제가 본 비전은 여행하면서 상상한 것 그대로였어요. 뭔가 새로운 걸 본 게 아니라 스스로 생각했던 바를 영상으로 보여준 것뿐이었어요. 역시 비전이란 주어지는 게 아니라 스스로 만드는 것이었어요. 이제 분명히 알았어요. 저의 진짜 여행은 지금부터 시작될 거예요.

앞으로 인생의 다양한 길목에서 제가 정말 현자의 가르침대로 행동할 수 있는 사람인지 아닌지 줄곧 시험에 들겠죠. 단순히 지식으로만 알고 있는지, 아니면 삶의 방식으로 온전히 터득했는지 시험받을 거예요. 그거야말로 진정한 인생의 여정이겠죠.

아는 것만으로는 최고의 현자가 될 수 없어요. 그러니 이 여행만으로는 최고의 현자가 되지 못해요. 지금은 그저 현자의 지혜를 알고 있는 것뿐이니까요. 앞으로가 진정한 인생의 여정이에요."

알렉스는 그저 멍하니 사이드의 이야기를 들었다. 뭐라 말하면 좋을지, 자신이 무엇을 말해야 할지 곰곰이 생각했지만, 아무 말도 나오지 않았다.

사이드는 알렉스의 상태를 알아차렸는지 먼저 입을 열었다.

"알렉스 씨."

알렉스는 퍼뜩 정신을 차리고 멍하니 사이드 쪽을 향해 있던 눈의 초점을 다시 사이드에게 또렷이 맞췄다.

"정말 감사했어요. 그리고 건강히 지내세요."

"감사 인사는 내가 해야지. 정말 고마워, 사이드!"

사이드는 자신이 걸어왔던 숲 쪽으로 걷기 시작했고 이윽고 모습을 감추었다. 알렉스는 여전히 우두커니 서서 사이드가 사라진 방향을 바라보았다.

잠시 후 숲속 나무들 위로 석양이 깔려 선명한 붉은색으로 물들었음을 알아채고 알렉스는 정신을 차렸다. 어느새 낮게 깔린 짙은 구름은 사라지고 옅은 구름이 줄무늬처럼 높이 늘어선 맑은 하늘이 보였다.

숲속 나무들은 저녁놀에 아름답게 물들어 있었다. 연못의 수면에는 이따금 잔물결이 일고 그 흔들림이 난반사를 일으켜 다양한 빛의 자극이 눈에 들어왔다. 세상이 이토록 찬란하게 느껴진 건 정말 오랜만이었다. 아니, 어쩌면 처음일지도 몰랐다.

기나긴 잠에서 깨어난 듯 머리가 멍했다. 왠지 묘하게 또렷한 꿈을 꾼 걸지도 모른다는 생각이 들었지만, 알렉스의 왼손에는 《현자의 서》가 단단히 쥐어져 있었다. 그것을 몇 번이고 힐끔힐끔 쳐다보고서야 방금 있었던 일은 꿈이 아니었다고 확신했다. 그리고 불현듯 한 가지 사실이 마음에 걸렸다.

"그러고 보니 사이드는 이렇게 말했지. 자신이 현자에게 무엇을 배웠는지 직접 글씨로 쓰지 않아도 퍼즐 조각을 끼우면 머릿속으로 생각한 내용이 글자로 나타난다고. 그리고 사이드는 나를 현자라고 부르고 내게서 중요한 가르침을 얻었다고도 했어. 그 아이는 나한테 뭘 배웠을까?"

왼손에 든 《현자의 서》를 펼치면 사이드가 아홉 번째, 마지막 현자에게 배운 내용이 새롭게 적혀 있을 터였다. 알렉스는 그 사실을 떠올리고 좀 전까지 앉아 있었던 벤치에 다시 자리를 잡았다. 그리고 마지막에 읽은 부분 다음으로 뭐가 쓰여 있는지 보려고 《현자의 서》를 다시 천천히 펼쳤다.

그곳에는 역시 새로운 내용이 적혀 있었다. 하지만 앞서 본 여덟 현자의 이야기와는 조금 다른 느낌이 들었다. 그전까지는 모두 사이드를 주인공으로 한 한 편의 이야기처럼 그가 어떤 이야기를 듣고 무엇을 배웠는지 적혀 있었다. 그런데 마지막 현자의 장에는 사이드가 적은 편지처럼 보이는 글이 담겨 있었다.

알렉스는 무슨 까닭으로 그렇게 되었는지는 깊이 생각하지 않았다. 그보다는 사이드가 자신에게 무엇을 배웠는지가 훨씬 더 궁금했다. 해가 서쪽으로 기울기 시작했지만, 주변은 아직 밝았다. 석양이 알렉스의 옆얼굴을 부드럽게 비췄다.

Book of the Wise

마지막 현자

저는 지금까지 만난 여덟 명의 현자와 어떤 이야기를 나눴고 어떻게 그들의 가르침을 소화했는지, 저를 주인공으로 한 이야기로 만들어서 가능한 한 객관적으로 이곳에 남겼습니다. 마지막 현자가 이야기를 읽었을 때 제가 어떤 과정을 통해 이곳에 도달했는지 알 수 있도록 말이죠.

그리고 각 장 마지막에 간략하게 요약한 글은 현자들이 이야기를 통해 제게 전하려 한 뜻을 제 나름대로 해석해서 갈무리한 내용입니다.

제 여행은 어떤 여정이었는지 그리고 어떤 대화를 통해 현자들의 가르침을 얻었는지, 모두 잘 전해졌을까요? 그랬다면 정말 기쁘겠습니다.

이《현자의 서》는 이제 당신 것이니 당신과 제가 어디에서 어떻게 만났고 어떤 대화를 통해 소중한 가르침을 얻었는지는 이야기로 쓸 필요가 없을 것 같습니다. 당신도 그 자리에 있었으니까요.

하지만 당신은 분명 제게 매우 중요한 사실을 가르쳐주었습니다. 그리고 저는 당신의 가르침을 똑똑히 기억하고 가슴에 담았습니다. 무슨 내용인지는 앞에서도 그랬듯이 맨 마지막에 적어두겠습니다.

정말 감사했습니다.

사이드

감사

✦ 인생을 더욱 멋지고 아름답게 만들고 싶다면, 언제 어디서든 주변 사람들에게 감사를 전해야 한다.

✦ 인간은 어느 누구도 혼자서 살아갈 수 없다. 오늘 하루를 사는 것도, 행복한 하루를 보내는 것도, 모든 사람의 도움이 있기에 가능한 일이다. 우리는 그 은혜에 감사해야 한다.

✦ 더욱 중요한 건 그런 마음을 반드시 전해야 한다는 점이다.

✦ 고마운 마음을 상대에게 표현하면 하루하루가 새로운 감동의 연속이 된다.

✦ 자기 자신이 운이 좋고 행복한 사람임을 깨닫고 진심으로 감사할 줄 아는 올곧은 마음만 있다면 특별할 것 없는 만남도, 일상의 익숙한 풍경도 내 인생의 둘도 없이 소중한 순간으로 바꿀 수 있다.

✦ 성공한 인생이란 행복한 인생이다. 행복한 인생이란 인생의 모든 날을 행복으로 가득 채우는 것이며, 모든 날을 행복하게 만든다는 건 오늘을 무조건 기쁘고 충만한 날로 만들어야 한다는 뜻이다.

✦ 그러려면 오늘 하루를 고마운 마음으로 가득 채워야 한다. 자신이 입은 모든 은혜를 하나하나 세서 되도록 많이 감사하는 마음을 표현하면 된다.

✦ 새로운 발견에 감사하고. 새로운 발견을 하게 해준 과거의 모든 일에 감사하고. 사람과의 만남에, 자신이 지닌 위대한 힘에, 다른 사람의 위대한 힘이 만들어낸 무언가에, 자연의 혜택에, 오늘 하루 살아 있음에, 모든 일에 '감사하다'고 말할 수 있는 삶을 살아야 한다.

✦ 그것이 오늘 하루 자신뿐 아니라 주변에 있는 사람까지 모두 행복하게 하는 방법이다. 나아가 자신을 포함한 많은 이의 삶을 더할 나위 없이 멋진 인생으로 만드는 방법이기도 하다. 현자라 불리는 사람은 이러한 진리를 잘 알고 있으며 누구보다 많은 이들에게 감사를 전하는 사람이다.

내주다

✦ 인생에서 원하는 걸 손에 넣으려면 자신이 얻고자 하는 걸 먼저 내주는 사람이 되어야 한다.

✦ 많은 감동을 느끼며 살고 싶다면서 누군가가 자신의 마음을 움직여주기만을 기다려서는 진정한 감동을 손에 넣을 수 없다.

✦ 다른 이에게 감동을 선사하는 사람이 되어야 비로소 진정한 감동을 마음껏 맛볼 수 있다.

✦ 이는 감동에만 국한된 이야기가 아니다. 예를 들어 용기를 얻고 싶다면 용기를 줄 사람이나 물건을 찾는 게 아니라 다른 이들에게 용기를 주는 사람이 되어야 한다. 뭔가를 터득하고 싶다면 그것을 배우는 쪽이 아니라 가르치는 쪽이 되어야 한다. 사람들에게 인정받으려면 누군가 자신을 인정해주기를 기다리는 게 아니라 먼저 인정하는 사람이 되어야 한다. 그리고 다른 사람에게 사랑받고 싶다면 사랑을 기대하는 쪽이 아니라 사랑을 주는 쪽이 되어야만 진정한 의미에서 자신이 원하는 걸 손에 넣을 수 있다.

✦ 사람들은 대부분 자신이 원하는 걸 손에 쥘 방법만 궁리한다.

✦ 하지만 정말로 손에 넣고 싶은 것일수록 어떻게 다른 사람에게 먼저 내줄 수 있을지를 생각해야 한다는 이야기다.

✦ 물론 내주는 쪽이 되는 건 단순히 받는 쪽보다 훨씬 힘들고 고생스럽다는 사실은 틀림이 없다. 하지만 그렇게 해서라도 얻고 싶은 게 있다면 반드시 내주는 쪽이 되어야 한다.

✦ 내주는 쪽에 섰을 때 우리는 다른 사람에게 단순히 받을 때와는 비교도 되지 않을 만큼 커다란 기쁨을 맛볼 수 있으며, 그런 경지에 이르는 건 자신이 원하는 무언가를 다른 사람에게 진심으로 내주려 한 적이 있는 사람에게만 주어지는 특권이다.

✦ 감동으로 가득한 인생은 틀림없이 행복한 인생일 것이다.

✦ 많은 이에게 감동을 안겨주는 사람이야말로 누구보다 감동으로 가득한 삶을 살게 된다. 다른 사람에게 감동을 선사하는 삶이야말로 정말로 마음을 움직이는 삶이기 때문이다.

탄생

✦ 인간은 몇 번이든 다시 태어날 수 있다.

✦ 어제까지 어리석은 삶을 살았던 사람도 오늘 현명하고 지혜로운 사람으로 새로 태어날 가능성을 지니고 있다.

✦ 그리고 그런 가능성은 모든 사람에게 있다.

✦ 새로운 탄생의 계기는 한 사람과의 만남일 수도 있고 어떤 책과의 만남일지도 모른다.

✦ 무엇이 계기가 될지는 아무도 모르지만 오늘을 자신의 새로운 생일로 삼을 때, 지금까지와는 완전히 다른 삶을 새로 시작할 수 있다.

✦ 어제까지의 나를 아는 사람은 달라진 모습을 비웃을 수도 있다. 하지만 그렇다고 망설일 필요는 없다. 자신의 인생을 멋지게 바꾸기 위해 다시 태어나고 싶다면, 다른 사람의 생각 따위는 조금도 신경 쓸 필요가 없다.

✦ 세상에 태어났을 때는 모두 무無에서 인생을 만들어나가는 법이다. 정해진 건 아무것도 없다.

✦ 태어나기도 전에 있었던 일 따위는 생각하지 말고 오늘부터 새롭게 인생을 만들어나가면 그만이다.

✦ 어제까지 자신이 어떻게 살아왔든 상관없이 인간은 오늘부터 완전히 새로운 인생을 시작할 수 있다. 아니, 오히려 매일 그렇게 해야만 한다.

✦ 그렇게 할 수 있다고 믿고, 자신이 모아온 퍼즐 조각들과 마주해 정확하고 솔직하게 자기 자신을 분석하고, 나아가 변화하려는 용기만 가진다면 사람은 단 하루 사이에도 현자로 거듭날 수 있다.

✦ 다시 말해 누구든 오늘을 모든 성공을 손에 넣을 수 있는 최고의 현자로서 보내는 인생의 첫날로 만들 수 있다는 뜻이다.

✦ 그 사실을 올바르게 이해하는 사람만이 최고의 현자로서 새 삶을 시작할 수 있다.

마지막 현자는 이 세 가지 가르침을 말이 아닌 행동으로 보여주고, 제가 몸소 경험하도록 이끌고, 자신이 현자로 거듭나는 순간을 직접 보여줌으로써 제게 전해주었습니다.
이것이 제가 당신을 보고 배운 모든 것입니다.

새로운 여행의 시작

　알렉스는 조용히 《현자의 서》를 덮었다. 태양은 한층 더 서쪽으로 기울어 뉘엿뉘엿 떨어지려 하고 있었다. 서쪽 하늘은 붉게 물들었으며 아직 채 저물지 않은 하늘에는 어슴푸레 빛나는 초승달이 태양을 뒤쫓듯 서쪽으로 기울어가고 있었다.

　알렉스는 여전히 어안이 벙벙했다. 사이드는 알렉스가 전혀 가르치려 의도하지 않았음에도 불구하고 스스로 알렉스에게서 배움을 얻었고 그를 현자라 불렀으며 결국 먼저 떠나버렸다.

　알렉스는 어쩐지 겸연쩍은 기분이 들었지만, 곧 생각을 바꿨다.

　"역시 내가 현자가 되어서 그 아이가 뭔가를 배울 수 있었던 게 아니야. 사이드는 분명 내가 어떤 사람이든 상관없이 나한테서 필요한 부분을 보고 배웠을 거야. 진심으로 배울 의지가 있는 사람에게는 이 세상 모든 사람이 스승이 될 수 있는 법이니까. 가르쳐준 쪽이 현자인 게 아니야. 배운 쪽이 현자인 거지. 그리고 최고의 현자란 누구보다 많은 사람에게서 다양한 교훈을 얻을 수 있는 올곧은 마음을 지닌 사람일 거야. 사이드처럼. 역시 그 아이는 최고의 현자야."

알렉스는 자신이 불편하게 여기는 사람들을 떠올렸다. 자신에게는 그들 모두에게서 무언가를 배우려는 겸허한 자세가 없었다는 사실을 그제야 겨우 깨달았다. 그런 자세가 있었다면 지금 회사의 사장과도 좋은 관계를 맺을 수 있었을지도 모른다.

그것이 진실이었다. 알렉스의 인생에 찾아온 불행은 모두 자신의 태도 때문이었다. 그 사람을 보고 뭔가를 배우려는 진지한 태도가 없었던 까닭에 스스로의 인생을 어둡고 고통으로 가득한 나날로 만들고 있었다.

"나뿐 아니라 다른 여덟 현자들도 사실은 틀림없이 나처럼 평범한 사람이었을 거야. 현자인지 어리석은 자인지는 배우려는 사람이 상대에게서 뭘 배우느냐에 따라 결정되니까. 사이드에게는 어떤 사람이든 현자가 되겠지. 내가 현자가 되었을 정도이니 말이야."

저무는 해를 바라보며 알렉스는 그렇게 생각했다.

이윽고 해가 완전히 모습을 감추자 알렉스는 자리에서 일어났다.

"집으로 돌아가자. 그리고 오늘을 나의 새로운 생일로 삼고 새로운 인생을 시작하는 거야. 그리고 앞으로는 내 주변에 있는 모든 사람을 현자라 여기며 겸허히 배우는 삶을 살아야지. 지금부터라도 분명 성공한 인생을 손에 넣을 수 있을 거야. 그래, 분명히……."

알렉스는 공원을 뒤로하고 걸음을 옮겼다.

알렉스는 평소보다 일찍 잠에서 깼다. 어제는 공원에서 바로 공항으로 향해 가장 빠른 비행기를 타고 날짜가 바뀔 무렵 겨우 집에 도착했다. 그런 다음 씻고 이런저런 일을 하느라 평소보다 늦게 잠자리에 들었건만, 왠일인지 그리 피곤하지는 않았다. 인간이란 참으로 신기했다. 다음 날 뭔가 기대되는 일이 있으면 평소에는 졸려서 일어나기 힘든 시간에도 두근두근 설레서 눈이 번쩍 떠진다. 이런 일은 어릴 적 여행을 갔을 때 이후로 처음이었다.

알렉스는 어제 비행기 안에서 앞으로의 인생에 관해 생각했다. 지금까지의 삶과 달리 분명 좋은 인생을 살 수 있을 거라는 생각이 들었다. 그럴 자신이 있었다.

그때 문득 한 가지 생각이 떠올랐다.

'세상에는 나처럼 인생을 살다가 좌절한 사람이 많겠지. 그런 사람이 전 세계에 아주 많을 거야. 그중 나 혼자만《현자의 서》를 만나 결국 구원받았고. 내가 그랬듯이 온 세상 사람들도 이 책을 통해 새로운 인생을 시작할 수 있지 않을까?'

알렉스는《현자의 서》를 책으로 내보면 어떨지 고민하기 시작했다. 하지만 그러자니 조금 마음이 찔리는 것도 사실이었다.

'내 것이라고 말하기는 했지만, 역시 이건 사이드의 이야기야. 내가 멋대로 출판해서는 안 되겠지. 하지만 나한테 읽게 해준 것처럼 온 세상 사람들에게 이 책을 보여줘도 괜찮을지도 몰라.《현자의 서》는 제법 오래전부터 존재해왔어. 그런데 지금껏 이걸 소유했던 사람들 가운데 아무도 책으로 내려 하지 않은 이유는 대체 뭘까?'

알렉스는 이리저리 머리를 굴려보았지만, 우선은 책으로 써보는 작업부터 시작해보기로 결론지었다.《현자의 서》는 이 우주를 창조한 위대한 힘에 의해 쓰였다고 했다. 만약 출판해서는 안 되는 내용이라면, 쓰는 도중에 집필을 막는 무언가가 일어날지도 모른다고 생각했기 때문이다.

알렉스는 가방 안에서 《현자의 서》를 꺼내 책상 위에 올려놓았다. 그러고는 비행기를 타기 전에 빼놓았던 퍼즐 조각들을 주머니에서 꺼냈다. 알렉스는 주위에 아무런 인기척이 없는 걸 확인하고 《현자의 서》에 퍼즐 조각을 차례차례 끼워 넣었다.

그런데 상태가 전과 달랐다. 눈부신 빛과 바람이 일지 않았다. 부들부들 떨리지도 않았다. 다만 아무 반응도 없는 건 아니었다. 빛의 알갱이 같은 게 하나, 또 하나 《현자의 서》로 빨려드는 듯 보였다.

"아, 이 반응은 설마……."

알렉스는 허둥지둥 《현자의 서》를 손에 들었다. 책이 뜨거웠다. 그는 머뭇머뭇 책장을 펼쳐보았다.

어제까지 그곳에 적혀 있던 사이드의 여행기는 말끔히 사라지고 안에는 아무것도 남아 있지 않았다. 책장을 팔랑팔랑 넘겨보았지만, 글자는 어떤 페이지에도 떠오르지 않았다.

아니, 있었다. 알렉스는 첫 번째 페이지에서 글자를 발견했다. 그는 서둘러 글을 읽었다.

'최고의 현자가 되고자 하는 매슈여. 이 책을 완성하는 여행을 통해 모든 것을 배우라.'

그 페이지 뒤에도 뭔가 적혀 있었다.

'마지막 현자는 첫 번째 현자가 되어 앞에 적힌 이를 여행으로 이끌어라. 남은 퍼즐 조각은 하나씩 봉투에 넣어 우체통에 넣어라. 받는 이의 이름은 조각이 직접 적는다. 그다음은 위대한 힘이 모든 것을 인도할 것이다.'

알렉스는 《현자의 서》를 어떻게 사용해야 하는지 깨달았다. 책으로 출간하려는 시도는 실현할 수 없게 되었지만, 어쩔 수 없었다. 그래, 이 책은 저마다 자신만의 이야기를 만드는 데 의미가 있다. 그것이 위대한 힘의 의지인 것이다.

그보다도 알렉스를 무엇보다 가슴 설레고 기쁘게 만든 것이 있었다.

매슈 몰트먼.

알렉스의 아들이 다음 현자의 여행을 떠날 아이로 선택받았기 때문이다. 알렉스는 달력으로 눈길을 돌렸다. 오늘은 8월 12일. 지금까지 까맣게 잊고 있었지만, 내일은 아들의 열네 번째 생일이다.

알렉스는 견디지 못하고 방을 나와 계단을 뛰어올라갔다.

"맷! 맷! 일어나 봐. 아빠가 너한테 해줄 이야기가 있어!"

이틀 전과 반대로 구름 한 점 없이 맑은 아침이었다. 아직 아무도 깨지 않아 고요한 집 안에 유달리 밝은 알렉스의 목소리만 환히 울려 퍼졌다.

작가 후기

《후회 없는 삶을 위한 아주 오래된 가르침》을 마지막까지 읽어주셔서 정말 감사합니다. 2005년 2월 책의 초판이 출간된 이후 어느덧 4년 반이 흘렀습니다. 그동안 작품을 재미있게 읽은 독자가 소중한 사람에게 선물하거나 소개해준 덕에 이 책은 더 많은 독자를 만나게 되었습니다.

그 후《당신을 만났기에君と会えたから》,《편지가게手紙屋》 등 다른 작품을 낼 기회도 얻어서 지금은 일본뿐 아니라 해외에서도 많은 분께 작품을 선보일 수 있게 되었습니다. 그리고 이번에는 정말 많은 독자 여러분의 목소리에 힘입어 이책을 개정판으로 출간했습니다.

매일 200여 권의 신간이 쏟아지는 출판업계에서 4년 반 전에 출간된 작품이 개정판으로 다시 한번 세상에 나오다니, 어찌 보면 기적 같은 일일지도 모릅니다. 정말 감사드립니다. 그 사실에 가장 놀라고 감동한 사람은 분명 저 자신이 아닐까 싶습니다. 기타가와 야스시의 작품을 읽어주신 분, 응원해주신 분, 한 분 한 분께 모두 깊은 감사의 말씀을 전합니다.

《후회 없는 삶을 위한 아주 오래된 가르침》은 저의 데뷔작이지만, 집필한 순서대로 보면 사실은 두 번째 작품입니다. 2009년 2월에 출간된《아버지의 선물》(마일스톤, 2016년)이 첫 번째 작품입니다. 그래서 이 책의 주인공인 알렉스는《아버지의 선물》에 등장하는 어떤 인물의 상황을 그대로 이어받아 고뇌하는 중년이라는 설정을 더했습니다. 즉, 제게 이 두 작품은 '자매 책'이나 다름없지요. 이 책의 개정판 출간을 계기로 두 권의 책을 함께 즐겨주신다면 저자로서 더할 나위 없이 기쁜 마음일 것 같습니다.

'한 권의 책을 만남으로써 인생은 변화한다.'

저는 지금껏 이처럼 멋진 책과의 만남을 몇 번이나 경험했습니다. 그리고 이 책이 여러분에게 인생을 바꿀…… 만큼은 아니더라도 자신 안의 무언가가 바뀔 계기가 되기를 진심으로 바랍니다.

책을 통해 만나게 된 모든 독자분들께 마음 깊이 감사의 마음을 전합니다.

고맙습니다.

2009년 7월

기타가와 야스시

시대를 초월해 전해지는 아홉 가지 인생의 본질

후회 없는 삶을 위한 아주 오래된 가르침

초판 1쇄 인쇄 2024년 11월 10일
초판 1쇄 발행 2024년 11월 15일

지은이 기타가와 야스시

대표 장선희　**총괄** 이영철
책임편집 오향림　**기획편집** 현미나, 한이슬, 정시아
책임디자인 최아영　**디자인** 양혜민
마케팅 최의범, 김경률, 유효주, 박예은
경영관리 전선애

펴낸곳 서사원　**출판등록** 제2023-000199호
주소 서울시 마포구 성암로 330 DMC첨단산업센터 713호
전화 02-898-8778　**팩스** 02-6008-1673
이메일 cr@seosawon.com
네이버 포스트 post.naver.com/seosawon
페이스북 www.facebook.com/seosawon
인스타그램 www.instagram.com/seosawon

ISBN 979-11-6822-331-8　03190

서사원은 독자 여러분의 책에 관한 아이디어와 원고 투고를 설레는 마음으로 기다리고 있습니다.
책으로 엮기를 원하는 아이디어가 있는 분은 이메일 cr@seosawon.com으로 간단한 개요와 취지,
연락처 등을 보내주세요. 고민을 멈추고 실행해보세요. 꿈이 이루어집니다.